领袖交往实录
International Relations

任弼时
交往纪实

主编：于俊道　副主编：宜仁　尹潞西　魏丹

中国社会科学出版社

图书在版编目（CIP）数据

任弼时交往纪实 / 于俊道主编. —北京：中国社会科学出版社，2013.4
　ISBN 978-7-5161-1947-1

Ⅰ.①任… Ⅱ.①于… Ⅲ.①任弼时（1904~1950）–生平事迹 Ⅳ.①K827=7

中国版本图书馆CIP数据核字(2013)第025460号

出 版 人	赵剑英
责任编辑	王　斌
特约编辑	段　琳
责任校对	詹福松
责任印刷	王　超

出版发行	中国社会科学出版社
社　　址	北京鼓楼西大街甲158号（邮编100720）
网　　址	http://www.csspw.com.cn
	中文域名：中国社科网　010-64070619
发 行 部	010-84083685
门 市 部	010-84029450
经　　销	新华书店及其他书店
印　　刷	北京洲际印刷有限责任公司
装　　订	北京洲际印刷有限责任公司
版　　次	2013年4月第1版
印　　次	2013年4月第1次印刷
开　　本	710×1000　1/16
印　　张	12
字　　数	191千字
定　　价	24.00元

凡购买中国社会科学出版社图书，如有质量问题请与本社联系调换
电话：64009791
版权所有　侵权必究

转战陕北中的一次激烈争执——任弼时与毛泽东 力 砚	1
战友情深——任弼时与周恩来 陆子明	8
志同道合的战友——任弼时与朱德 韩 昕	16
一文一武　相得益彰——任弼时与贺龙 赵一踪	23
坚持真理　敢于斗争——任弼时与陈独秀 欧阳韵	31
战略转移善运筹 萧 克	36
到苏俄去——任弼时与肖劲光 赵一踪	40
十八年间两相见——任弼时与张爱萍 欧阳韵	44
弼时同志救了我 廖承志	47
两块光洋寄深情——任弼时与王首道 于 凡	48
优秀共产主义者的崇高品德和风貌 张启龙	50
永远的怀念 方志纯	54
难忘的教诲——任弼时与帅孟奇 王 朴	60

"我们对工作是要负责任的"——任弼时与刘晓	李　博	62
纠正错案——任弼时与陈郁	力　砚	65
革命的良师——刘俊秀的回忆	刘俊秀	67
垂询与信任——任弼时与袁任远	李联群	77
"党相信你"——丁玲的回忆	丁　玲	80
师生·同窗·战友——任弼时与萧三	钱漠岸	84
使每个同志都感到组织上的温暖关切——任弼时与寒先任	徐亦农	90
几次调动——任弼时与刘道生	韩　昕	92
"你很合适,你行!"——任弼时与刘亚球	徐亦农	94
"保存下来嘛!"——任弼时与陶汉章	陆子明	95
"好在弼时了解我"——任弼时与江文	欧阳韵	97
"都是任弼时鼓励的"——任弼时与阎知非	赵一踪	98
"好男儿志在四方"——任弼时与龙舒林	李联群	101
良师·益友——任弼时与肖荣昌	陆子明	103
信任与关怀——任弼时与王永浚	刘一丹	104

关怀备至——任弼时与谭天哲 .... 于 凡 105

教育深刻 记忆犹新——任弼时与何辉 .... 韩 昕 107

相识在苏联——任弼时与师哲 .... 樊 里 109

一次记忆深刻的谈话——任弼时与毛崇横 .... 李 博 112

悔不该在最后时刻离开他——任弼时与刘佳武 .... 韩 昕 114

"成功的秘诀在于专"——任弼时与黄树则 .... 樊 星 118

在弼时身边的四个月——任弼时与朱子奇 .... 刘一丹 120

珍藏了大半生——任弼时与李少清 .... 王 朴 123

榜样的力量是无穷的——刘宗顺的回忆 .... 刘宗顺 125

关怀他人,严以律己——任弼时与刘永珍 .... 李联群 127

一段不寻常的交往——毛少先的回忆 .... 毛少先 128

从伙夫到训练科长——任弼时与余家海 .... 徐亦农 131

我所听到的遗教——叶蠖生的回忆 .... 叶蠖生 132

抢 救——王鹤滨的回忆 .... 王鹤滨 134

启蒙老师——任弼时与魏兰春 .... 于 凡 137

青年的导师——任弼时与何启君	倪 真	138
"这才是人民县长的样子"——任弼时与田永祥	樊 星	142
"我要向毛主席报告"——张仲实的回忆	张仲实	144
"革命的儿子"——任弼时与刘允若	彭幼文	146
把监狱变成学校——任弼时与柳湜	彭幼文	147
慈父严师的教诲——任弼时与任振声	刘继修	149
相濡以沫——任弼时与陈琮英	刘继修	155
悠悠父女情——任弼时与任远志	欧阳韵	165
叔侄情——任弼时与任理卿	彭幼文	170
走革命的路——任弼时与任培辰	彭幼文	173
珍贵的父爱——任弼时与任远芳	倪 真	175
家 宴——任弼时与季米特洛夫	力 砚	179
"您才真正是位博士呢!"——任弼时与哥诺瓦洛夫	刘一丹	182

转战陕北中的一次激烈争执
——任弼时与毛泽东

众所周知，在转战陕北中，任弼时曾和毛泽东发生过一次激烈的争执。任弼时素来谨言慎行，遵义会议以后，他更加信服毛泽东的领导才能。那么，任弼时和毛泽东为什么会发生激烈的争执呢？争论的问题和详细情况又是怎样的呢？

一

1947年3月12日，一架国民党军队的轰炸机在延安上空丢下成串的炸弹。顿时，延河两岸升起了熊熊的大火和浓浓的硝烟。与此同时，国民党的34个旅（共23万人），从南、西、北三个方向向延安逼近，战火已经烧到延安的大门口了。

党中央召开了紧急会议，决定暂时主动撤离延安，实行"诱敌深入"的方针，依靠优越的群众条件和有利的地形，大打人民战争。同时，用"蘑菇"战术，集中优势兵力，寻机歼敌，以达到保卫和发展陕甘宁边区和西北解放区的目的。嗣后不久，为适应战争形势的发展，党中央又决定成立前委、工委和后委。由毛泽东、周恩来、任弼时率领党中央和前委及人民解放军总部，继续留在陕北，指挥西北和全国各个战场的作战；工委则由刘少奇、朱德等同志率领，转移到晋察冀解放区，完成党中央委托的任务；叶剑英、杨尚昆等则率领党中央及中央军委机关的大部分人员组成中央后方委员会，转移到晋绥解放区进行工作。留在陕北的机关人员也全部武装起来，和警卫部队一起合编为中央支队，由任弼时任支队司令，陆定一任政治委员。

任弼时肩上的担子很重。他一方面要和周恩来一起，协助毛泽东指挥西北和全国的解放战争，另一方面还要指挥这为数不多的警卫部队，同胡宗南的几十万虎狼之师进行周旋，保证党中央的安全。

西北野战军撤离延安不久，便先后在青化砭、羊马河、蟠龙狠狠打击了胡宗南的部队。为此，蒋介石恼羞成怒，命令胡宗南不顾一切地寻找战机，同人民解放军决战。中央则命令我西北野战军避敌锋芒，挺进陇东。1947年6月7日，胡宗南部刘戡率4个半旅从延安、安塞经蟠龙真武洞，由东南向西北扑来，离中央机关只隔几里。与此同时，胡宗南部董钊也率兵由延安经安塞高桥向保安进发。当时，我军主力在陇东地区，离中央机关驻地王家湾有好几百里。毛泽东身边的全部兵力只有4个连。把炊事员、饲养员等后勤人员算在内，总共不过300来人，其中还有一个短枪连，真正能投入战斗的只有200多人，形势相当严峻。中央决定立即从王家湾转移。

当时的情况是西边有马鸿逵部，南边有刘戡、董钊部，东边濒临黄河。根据此种情况，任弼时以支队司令的名义通知部队向北走，如有情况可以向东走。任弼时认为西面和北面均有敌人，而向北走路宽，活动余地大，情况紧急时还可以过黄河，这样可确保毛泽东和党中央的安全。

部队接到通知后，整装待发。可两个钟头过去了，还没有得到出发的命令。中央支队政治部主任廖志高有些沉不住气了，他走进毛泽东的住地，听到任弼时和毛泽东正在为此进行激烈的争论……

毛泽东不同意向北、向东转移，更不同意一有了情况就过黄河。他主张迎着敌人向西转移，中央一定要坚持留在陕北。

"部队向西转移，很可能和敌人相遇，即使部队避开了胡宗南的主力，西边是马鸿逵的防区，部队仍有可能与敌人遭遇，中央机关和毛泽东的安全仍没有保障……"任弼时迅速思考着毛泽东的意见，心里很不踏实。

作为中央支队司令的任弼时，对中央机关和毛泽东的安全担负着重大的责任。在转战陕北的征途中，他时时处处关心着毛泽东的健康和安全。每次遇到危险，都是他直接派出侦察部队，直接部署警戒；他尽量争取多做工作，减轻毛泽东的负担；每到一地，他总是嘱咐身边的同志，首先为毛泽东安排一个比较安静的工作和休息的环境。

任弼时清楚地记得，朱总司令在率中央工委离开陕北、东渡黄河之时，曾再三嘱咐留在在陕北的警卫部队："你们的任务很重大，也很艰巨，一定要想尽办法保证毛主席、党中央的绝对安全，不能出一点差错。"

为此，任弼时把保卫毛泽东和中央机关的安全看成是全党赋予他的重托。中央留在陕北，任弼时是完全同意的。但现在遇到了险情，他很自然地把保证毛泽东的安全作为考虑问题的一个根本立足点，竭力说服毛泽东同意自己的意见。

然而，毛泽东是个出类拔萃的战略家，他具有超人的审时度势、洞察一切的才能。此时，毛泽东丝毫没有考虑到个人的安危，他考虑的是全国解放战争的全局，他语重心长地对任弼时说："中央留在陕北，是一个战略问题，这样可牵制住敌人，减轻其他战场的压力。如果中央过了黄河，西北战场的敌人就会很快扑向山东，或其他战场，这对全国解放战争是不利的。"而且毛泽东预料，敌人不会往西，西边是一条很荒凉的小路，即使敌人向西追，速度也会很慢，向北到高阳岔，则是一条大路，敌人如果追过来，速度会很快。事后证明毛泽东的预料是正确的。任弼时对毛泽东的智慧是信服的，经过争论，任弼时接受了毛泽东的意见。

后来在形势稍微稳定，部队到达天赐湾之后，毛泽东又批评了任弼时，并撤了他中央支队司令的职务，由周恩来接替。这并不是因为任弼时在行军路线问题上发表了同毛泽东不同的意见，而是因为任弼时在决定部队行动方向时，事先没和毛泽东、周恩来商量就下达了命令，违反了党内的纪律。任弼时光明磊落，忠诚坦白，接受了毛泽东的批评，并积极协助周恩来的工作。

二

关于行军路线的这场争执，并没有影响毛泽东与任弼时之间的关系。毛泽东依然十分信任任弼时。任弼时虽然不做中央支队司令了，但仍然是中央书记处书记、政治局常委，同以往一样，参与着中央对重大问题的决策，毛泽东对任弼时的意见仍然十分重视。

1947年11月，中央支队抵达米脂县杨家沟之后，任弼时因血压高病重，不得不离队去钱家河村休养。在任弼时临走之前，毛泽东就土改问题

和任弼时进行了一次专门谈话,并委托他研究各解放区土地改革的经验教训,老区、半老区土地改革的区别,以及划分阶级的问题等等。土地改革是当时关系解放战争全局发展的一个重要问题,毛泽东把这样重要的任务交给任弼时,可见他对任弼时是多么的信任。

任弼时肩负重任,无心养病。为了获得第一手资料,他带病到米脂县杨家沟周围三十几个村子广泛调查,亲自访问农民,询问他们的生活和生产情况,征求他们对土改工作的意见。任弼时还亲自参加一些村子斗争地主的大会,实际感受农民进行的土改运动。

经过一段时间的了解,任弼时对全国各解放区的土改情况比较清楚了。这年12月,他抱病出席了毛泽东在杨家沟主持召开的中央工作会议,并在会议上就土改问题作了重要发言,明确提出了对农村各阶级应采取的政策。任弼时的发言得到了党中央和毛泽东的充分肯定,对于"十二月会议"后我党土改路线的成熟,土改中具体政策及工作方法的进一步规定,以及引导对土改中"左"倾错误的纠正,起到了一定的推动作用。

"十二月会议"后,任弼时由杨家沟返回钱家河。此时,他一方面同周恩来协助毛泽东集中全力解决在新形势下党所面临的关于土改、整党、工商业、统一战线和新区工作等方面的各项具体政策和策略问题;另一方面,继续利用休养时间,进一步研究土改问题。

在反复调查研究的基础上,任弼时撰写了著名的《土地改革中的几个问题》,并于1948年1月12日在西北野战军前线委员会扩大会上进行了演讲。这是一篇关于土地改革的马克思主义论著。文中对我党在土改中应采取的各项政策进行了全面的论述。

毛泽东对任弼时的这篇讲话十分重视,做了精心修改,并决定以任弼时的讲话代替中央的"一月决定",作为进行土改的纲领性文件下发。

中央"一月决定",即1948年1月18日毛泽东召集周恩来、任弼时等讨论并原则通过的《关于目前党的政策中的几个重要问题》(草案)。这个草案论述了在各种不同情况下反对右倾错误和"左"倾错误的问题、土地改革和群众运动中的一些具体政策问题、人民民主专政政权的性质问题和革命统一战线中领导者和被领导者的关系即无产阶级的领导权问题。

中央原本准备以"一月决定"作为当时土地改革指导文献的,但后来毛泽东却改变了这种想法。3月17日，毛泽东在致刘少奇电中指出："我们决定发表弼时同志的一篇讲话，不发表'一月决定'草案，因为弼时同志的讲演比'一月决定'充实得多。"刘少奇接电后，随即于19日复电表示："'一月决定'内容由弼时同志一个讲演的形式发表甚好。"这里所指的"弼时同志的讲演"，正是任弼时在西北野战军前线委员会扩大会议上的演讲《土地改革中的几个问题》。

在毛泽东为中央起草的一些关于土地改革问题的文件中，他一再肯定了任弼时的《土地改革中的几个问题》的讲话。1948年5月25日，毛泽东在为中央起草的《中央关于印发1933年两个文件的指示》中说：兹将1933年《怎样分析阶级》及《关于土地斗争中的一些问题的决定》两个文件，略加修改，印成小册子，并加入弼时同志的报告为附件。然后，将其发给各级党委及工作团，当做正式文件，遵照实施。"这两个文件中没有讲到的问题及关于富农和中农分界的问题，则以弼时同志1948年1月12日《土地改革中的几个问题》一文中所说为准。"同日由他起草的《中国共产党中央委员会关于1933年两个文件的决定》，亦作出同样的规定。

三

关于行军路线的争执不仅没有引起毛泽东在工作上对任弼时的不信任，也没有影响他们的私人感情。毛泽东始终十分关心任弼时。

1949年任弼时再度休养之后，毛泽东特地派人将一缸红鱼送到任弼时的住所，并附信说："送上红鱼一群，以供观览。敬祝健康！"战友情意，凝聚其中。

任弼时在国内休养了一段时间，病情虽有好转，但并没有根本改善。为此，中央决定送任弼时去苏联治疗。毛泽东于11月21日亲自致信斯大林，商议任弼时去苏养病一事。斯大林得知任弼时的病情后，表示欢迎他去苏联，并特地派著名的医学博士哥诺瓦洛夫乘专列到北京来接他。

任弼时赴苏前，毛泽东和周恩来特地前往任弼时的寓所为他送行。毛泽东紧紧握住任弼时的手，一再嘱咐他安心养病，尽早恢复健康。

这年12月16日，毛泽东也来到苏联进行访问。当时任弼时正在莫斯

科皇宫医院治疗。毛泽东到医院看望了任弼时和其他一些在苏治病的中国同志。

1950年初，任弼时由莫斯科皇宫医院转到郊区巴拉维赫疗养院。毛泽东又专程到疗养院看望任弼时。当毛泽东从苏联医生的口中了解到任弼时的血压已经降下来时，便高兴地握着苏联医生的手说："好得很！好得很啊！我代表中国人民谢谢你们！谢谢你们！"

一天，任弼时征得医生的同意，离开疗养院，到中国代表团的驻地看望毛泽东。毛泽东为了让任弼时吃顿可口的饭菜，特意吩咐厨师做了两样不放盐的菜，还准备了一盘有湖南风味的辣酱烧黄鱼。可是当毛泽东听说医生不允许任弼时吃辣子时，便把那盘鱼端得远远的，幽默地说："对不起呀！弼时，不是我不让你吃，而是医生的话我不能不听啊！"任弼时做出无可奈何的样子，会意地笑了。

在饭桌上，任弼时向毛泽东建议，应该赶快选派一批有较高政治觉悟，又有实干苦干精神的青年到苏联来学习，以培养我们自己的建设人才、技术专家。

毛泽东非常赞赏任弼时的远见卓识。他风趣地说："今后要大规模地搞建设了，没有技术专家是不行的。是得派一批人来取取经。过去唐僧到西天取经，骑的是毛驴，吃的是粗粮、野果，也没有人欢迎接待，还要同妖魔鬼怪们斗法，好艰难啊！现在派人来取经，有飞机坐，有黄油面包吃，还有专人欢迎接待，碰杯祝酒，舒服得很哩！告诉那些来学习的娃娃们，要学习唐僧那种坚韧不拔的精神，还要学习孙大圣那种战胜一切困难的精神，那他们就一定能取到真经。——希望寄托在他们身上啊！"

任弼时频频点头，两位战友心心相印。

说话间，周恩来匆匆赶来。他是1950年1月20日抵达莫斯科，参加中苏会谈工作的。他刚同莫洛托夫会谈完毕，准备同毛泽东讨论签订《中苏友好同盟互助条约》的事。任弼时看毛泽东和周恩来很忙，不忍心再久坐，便起身告辞。

毛泽东和周恩来一直将他送到大门口。

汽车在大道上飞驰。车窗外，雪下得正紧，四野完全是一个银装世界。任弼时坐在车里想："毛主席、恩来、少奇、朱老总，他们都太忙、太累了，我应该赶快把身体养好，帮他们分挑一点担子才对！"

1950年5月底，任弼时由苏返回祖国。医生本打算让他再静养一段时间，可任弼时躺不住了。6月25日，电台报道了朝鲜发生内战的消息。26日，任弼时致信毛泽东及中央书记处各同志，要求恢复部分工作。信中说："我回抵北京后已近1月，血压尚继续下降中（160左右），身体也觉得坚实一些……最近几天内，每日看电报、文件及报纸总共在4小时左右，尚能支持得住，不感觉太疲劳。自然初期不要过分疲劳，但做点工作，如分管组织部和青委，我想是可以的，请加考虑……"

傅连暲医生和毛泽东通了电话，毛泽东详细询问了任弼时的病情。经中央商议，同意任弼时每天工作4小时。

恢复工作不久，任弼时便把自己的病情抛到脑后，他先是把工作时间增加到5小时，后又要求医生把工作时间增加到8小时，而实际上他往往工作8小时以上。

由于劳累过度，任弼时恢复工作不久，病情就加重了。但他全然不顾，而是以对党和人民的赤诚之心，以革命者坚如磐石的意志顽强地支撑着自己，在人生旅途中进行着最后冲刺，直至生命的尽头……

任弼时逝世后，毛泽东十分悲痛，禁不住热泪滚滚。他叮嘱任弼时的夫人陈琮英：一定要抚养好孩子们，让他们好好学习，长大继承他们父亲的遗志！

10月28日，任弼时逝世的第二天，中央成立了以毛泽东为首的治丧委员会。当天上午9时，毛泽东到景山东街任弼时住处亲视入殓，并亲自扶灵，前往劳动人民文化宫。

为了纪念任弼时，毛泽东亲笔题词："任弼时同志的革命精神永垂不朽！"

1951年7月18日，任弼时的安葬仪式在北京八宝山革命公墓隆重举行。汉白玉墓碑的正面，端端正正镌刻着毛泽东的题字：任弼时同志之墓。

（力　砚）

战友情深
——任弼时与周恩来

1951年10月27日,在任弼时逝世一周年的日子里,他来了,人民共和国的总理——周恩来,从日理万机的工作中抽身而至,来看望老战友任弼时的夫人和孩子。

他拉着孩子们的手,看看这个,又看看那个,百感交集,禁不住放声痛哭……

人们熟悉他叱咤风云、镇定自若的雄伟气魄,却绝少见他如此震撼山岳的情感爆发!

作为中华民族的脊梁,他们这一代人有着极其相似的少年的追求和中年的奋斗;在为了一个共同的目标的奋斗中,他们之间产生了多么深厚的同志之情、战友之谊呀!

平行的航船

1920年11月7日,法国邮轮"波尔多斯"号自上海启碇。22岁的周恩来作为华法教育会组织的第15届赴法勤工俭学学生,登轮奔向西方,探求救国真理;次年春,17岁的任弼时也离开上海,乘日本邮轮启程,奔向东方,奔向世界第一个无产阶级专政的国家苏联勤工俭学,学习无产阶级革命经验。

三四年后,国内大革命的形势召唤着他们。他们归来了,满载着奋斗的豪情归来了。他俩在众多留学生中脱颖而出。尽管所去国度不同,却求得了一个共同的生活目标:为无产阶级解放事业奋斗终生!

1924年8月,任弼时一回到上海,即受党的派遣,站到了上海大学的讲坛上，讲授俄文，宣传苏俄革命经验，同时开始了共青团的领导工作，投入召开中国共产主义青年团第三次全国代表大会的紧张筹备中。

是年9月，周恩来抵达广州，先后担任中共广东区委委员长兼区委宣传部长、黄埔军校政治教官、黄埔军校政治部主任。

"五卅"、"北伐"、"四·一二"、"七·一五"……他们在不同的岗位上为中华民族的解放浴血奋战。

1927年8月1日，中国历史上一个光辉的日子，周恩来和贺龙、叶挺、朱德、刘伯承率领中共掌握和影响下的北伐军两万多人在南昌宣布起义，向国民党反动派打响了第一枪。8月7日，任弼时和瞿秋白、毛泽东、蔡和森、张太雷、苏兆征等出席在汉口举行的中共中央紧急会议。会议选出新的临时中央，周恩来因在起义前线，未能到会，被选为临时中央政治局候补委员；任弼时为临时中央政治局委员，并于次年3月15日根据中央决定调到党中央机关工作。

如果说此前他们无缘在一起工作，革命安排他俩像两只平行的航船，挥手相望；尔后，他们则将在指点江山的生涯中并肩破浪。

两次营救

1929年11月7日，时任中共江苏省委书记的任弼时，在前往上海华德路竟业里共青团江苏省委机关出席会议时，不幸被公共租界的密探逮捕，关押在公共租界汇山路巡捕房。审讯时，任弼时化名彭德生，自称是从江西来上海投亲谋职的失业青年，因记错门牌，才被捕的。巡捕搜遍他的全身，除一张电车"派司"外，什么也没搜到；施电刑逼任弼时招供真实身份，任弼时数次被电流击昏，但他始终没有改变口供。

周恩来得知任弼时被捕的消息，焦急万分，即命中央军委直接领导的特别行动科负责营救。特科利用各种关系，查明任弼时被捕并非叛徒出卖，而是敌人搜查另一同志时偶然发现一个地址，以此为线索而拘捕的。于是在租界会审公堂审讯时，党组织特请著名律师潘震亚出庭辩护。最后，任弼时被判拘留40天，囚于提篮桥西牢，12月25日被保释出狱，背上留下了两块电击伤疤。

1931年，以毛泽东、朱德为首的红一方面军开辟了湘赣、闽西根据地。中共中央决定在江西苏维埃区域成立中央局，周恩来、项英、毛泽东、朱德、任弼时等为中央局委员，周恩来任中央局书记。因为周恩来暂时不能离开上海，中央局书记一职由已经进入苏区的项英代理。同时，中央决定派大批干部进入各苏维埃区域，任弼时和王稼祥、顾作霖3人组成中央代表团前往江西苏区。凡去苏区的人都由周恩来、康生负责安排。

1931年3月，任弼时告别即将临产的妻子陈琮英取道香港、广东、福建的秘密交通线进入江西苏区。在苏区，任弼时当选为中央局委员兼组织部长，参加筹备全国各苏区第一次党代表大会和苏维埃代表大会，起草党代会的《党的建设问题决议案》，撰写《努力进行全苏大会选举运动》、《怎样完成区委改造》等文章，工作繁忙而有生气。

可是，一件意外的打击向任弼时袭来。陈琮英在上海被捕了。就在任弼时3月离开上海一周后，陈琮英生下女儿任远志。6月下旬，因中央政治局主席向忠发被捕叛变，陈琮英抱着襁褓中的孩子，也被关进了潮湿阴暗的牢房。又是周恩来布置中央特科营救。

消息也从上海传到了中央苏区。同志们知道后，都为陈琮英和孩子担心，也为弼时担心。

12月底，周恩来也来到了中央苏区，就任中共苏区中央局书记。他特地来看望弼时，关切地问："琮英……有什么消息没有？"

"没有。"任弼时摇摇头，看到周恩来安慰的目光，说："不要紧，她会经得起考验的。"

周恩来熟悉陈琮英，他信任地点了点头，并再次与上海党组织联系，指示他们尽快设法营救。

1932年初，上海方面终于来信了，报告了一个好消息：由于党组织的多方营救，陈琮英和孩子已经安全出狱了。周恩来非常高兴地说："好！让她马上到中央苏区来吧！"接着，他亲自指示给陈琮英发电报。陈琮英接到电报，把孩子送回老家，只身前往中央苏区。

陈琮英到达中央苏区后，周恩来十分高兴，亲自安排她的工作和生活，他说："陈琮英同志是可靠的，安排做机要工作吧！"

此时，任弼时和周恩来同住在长汀的一座小楼里。周恩来一有空就来看望任弼时和陈琮英，这使任弼时十分感动。他对陈琮英说："这是到了我们自己的地方了，我们要加倍努力地工作和学习。"

不久，原在上海的中共临时中央搬进江西苏区，"左"倾路线在苏区占了统治地位。1933年5月，以博古为代表的中共临时中央认为任弼时执行政策不得力，免去了他的苏区中央局组织部长职务，派他到湘赣苏区任省委书记兼省军区政治委员。

一封明码电报

此后3年多时间，任、周再度分开。其间，任弼时率红6军团先遣西征；与贺龙会合，共同率领红2、6军团创建湘鄂川黔根据地；突围长征，与张国焘右倾分裂主义作坚决斗争，推动三大主力胜利会师。从湘赣到陕北行程近24000里，转战两年零3个月，他和贺龙等带领的队伍是三大主力在长途远征中减员最少、但征战时间最长的队伍。

周恩来则同毛泽东一起率红一方面军历时一年，纵横福建、江西、湖南、广东、广西、贵州、云南、四川、西康、甘肃、陕西11个省，行程25000里，胜利到达陕北吴起镇，完成了具有重要现实意义和深远历史意义的战略转移。

3年多时间里，两个心心相印的战友只能从无线电通信中得知彼此率军征战的情况。然而，这期间当红一方面军与红四方面军会师后，留在长江以南的红2、6军团和党中央失去了通信联络。

为了恢复联络，任弼时命令电台长时间守听，呼叫党中央的电台。

1935年9月29日，任弼时先与红四方面军电台沟通了联络，因该台采用的是中央军委与2、6军团联络规定的时间与密码，便误认为与中央取得了联络，遂即发出一份给周恩来的电报，说明2、6军团当时所在地及作战态势，询问对方在何地等。因任弼时不知道一、四方面军会合后张国焘搞分裂的情况，更不知与2、6军团联络的密码本由张国焘携带。

这一阶段，党中央也一直在尽力寻找2、6军团的踪迹。党中央到达陕北后，于1935年12月在瓦窑堡召开政治局会议，作出了《关于目前政治形势与党的任务决议》和《关于军事战略问题的决议》。其中军事战略

决议第 17 条提出，要尽快"完成与 2、6 军团的通讯联络"。

直到 1936 年 1 月，2、6 军团在一次和四方面军通报中突然听到一个不知呼号、不知所属的电台呼叫 2、6 军团，经互相问询，才知是军委三局局长王诤亲自上机呼叫，这样才恢复了与党中央的联络。但因没有密码本，中央发来的第一份电报用的是明码，内容大意是：弼兄：我们已到陕西保安，密码留老四处……弟豪。这是周恩来（曾化名伍豪）发给任弼时同志的一份简短明码电报，说明中央已到达陕北，与原 2、6 军团联络的密码本留在红四方面军。

1936 年 9 月 29 日，三大主力即将会师，毛泽东、周恩来、彭德怀致电红二方面军："你们尚保存伟大力量，将来发展无量，可为中国革命庆贺。"

洪德重逢

会师后不久，11 月的一天下午，周恩来从保安来到红二方面军总指挥部驻地——环县附近的洪德城。

这天，任弼时、贺龙、关向应、李达等同志出门远迎到大路上。远远就看见周恩来翻身下马，迈着大步，笑容满面地走来，他留着长长的胡鬓，面颊清瘦，戴着灰布八角帽，穿着灰色棉布军衣，腰束宽皮带，两道浓浓的剑眉下，目光深沉，炯炯有神。

任弼时和周恩来这对久别的老战友，禁不住互相久久地、紧紧地握手问候。

任弼时把周恩来迎进一间打扫得干干净净的民房，在原有任、贺、关 3 张床的房间里又专门为周恩来安了一张床。

任弼时对周恩来说："你刚从保安来，一路上劳累了，今天先休息休息，好好睡上一觉！"

周恩来挥挥手笑道："我很好，没什么，再说见到你们，今晚不谈个痛快，怎么能罢休！"

大家相视会意，不禁哈哈大笑起来。

寒暄过后，周恩来兴致勃勃地问起红二方面军长征中的情况，并向大家介绍了陕甘宁边区的情况和全国抗日救亡运动的形势。

谈话一直持续到深夜。

第二天，任弼时陪周恩来深入到红二方面军所属各个部队去转达毛泽东的问候，传达中央关于建立抗日民族统一战线的指示精神。一直到第7天，周恩来才骑马返回保安。

在莫斯科的日子里

抗战开始后，中国共产党领导的中国革命进入了一个新阶段。从反蒋抗日、逼蒋抗日到联蒋抗日，从苏维埃革命转变为抗日民族统一战线的这一状况，共产国际曾给予很高评价，但国共两党二度合作后的具体情况和出现的新问题，共产国际不甚了了，各兄弟党及世界爱好和平人士也需要宣传解释。1938年2月27日，中共中央召开政治局扩大会议，决定派任弼时承担这一光荣使命——赴莫斯科，向共产国际报告。

1938年3月5日，任弼时离开延安，经西安、兰州、乌鲁木齐抵达莫斯科。

在莫斯科，任弼时先后两次以书面报告及口头补充形式，向共产国际报告了中共几个月来发动群众，配合友军，采用敌后游击战的作战方针和方法，英勇御敌的历程，向各国兄弟党及全世界人民宣传中国共产党的抗日政策和毛泽东的持久战思想。共产国际听取了任弼时的报告，明确肯定中国共产党的政治路线是正确的，毛泽东领导八路军联蒋抗日的新政策是"在复杂的环境及困难的条件下真正运用了马列主义"。

这年8月，周恩来因右臂骨折治疗效果不佳，有成残废之虞，中共中央决定让他赴苏医治。9月中旬，周恩来一行抵达莫斯科。分别一年多，任弼时与周恩来在异国相逢了。周恩来一见弼时，便大步迎上去紧紧拥抱，连声问好。这时，任弼时首先注意到的是周恩来负伤的右臂。

"很痛吗？"任弼时握住周恩来的左手，关切地询问伤势。

"没什么关系。"周恩来微笑着说。

任弼时亲自替战友联系医院，安排治疗，并要周恩来好好养病。但周恩来说什么也不愿整天躺在床上。住院期间，他仍然和弼时一起工作。他

们联名致信阿米拉夫，反映中共为八路军培养军事技术干部的军事学校，由于缺乏技术和教员，致使教学难以进行，要求帮助解决，或允许将学习较好的学员派到苏联办训练班。

在医院住了3个多月，12月下旬，周恩来出院，当即全力以赴投入工作，29日，为共产国际撰写的长达55000多字的《中国问题备忘录》完稿。接着，在任弼时的荐请下向共产国际介绍了王明回国后的表现及其在统一战线中的右倾机会主义错误。

这一段时间里，任弼时与周恩来分工合作，一边和驻共产国际各国代表团联系，让他们了解中国抗日战争的进展情况，争取广泛的同情和援助，一边开始作回国的准备。

因任弼时身份特殊，回国途中恐出意外，他们决定：凡秘密文件甚至弼时本人的东西都交周恩来携带，周恩来在国共合作中有公开的社会身份，不怕纠缠。这样，共产国际执委会主席团对中共代表报告的决议、任弼时负责的与共产国际联络的电讯密码等机要材料，都由周恩来带在身上。

1940年2月25日，任弼时、周恩来、陈琮英、邓颖超等一行9人，乘火车离开莫斯科到苏联阿拉木图，转乘飞机回国。

纺线获奖

此时，国内抗战正酣。周恩来常常往返于延安与重庆之间，奔波于统一战线的前线。1943年7月中旬，周恩来回到延安。这几年，任弼时一直担任中共中央秘书长，过起了延安党中央这个"大家"的日子，同时主管根据地的经济建设。

1943年冬，王震送给任弼时一架平江式的纺车，他就学习纺线。他和周恩来同志经常在一起纺线。他俩虚心地向陈琮英请教，从卷棉的松紧，打弦的方法，装锭的高低，摇车、抽线的均匀配合，直到摘渣、接头等全套技术，都一步步地认真学习、实践。终于，在很短的时间里就纺出了头等线。

有一天，周恩来纺完一穗线，拿给任弼时和旁边的干部看。大家一致认为达到了头等线的标准。任弼时笑着对周恩来说："你的线早就评上头等了嘛，现在还担心不够！""我这个技术不巩固的纺车手，很可能出次品啊，随时警惕一点好嘛！"周恩来也笑着答道。于是任弼时提议开展互相评比、互相监督、互相竞赛，提高纺线水平。从此，机关掀起了纺线高潮。

最壮观的是一次任弼时、周恩来等领导一起参加的纺线比赛。

一天上午，杨家岭的一个院子里，整齐地排列了几十辆纺车，一场紧张的比赛就要开始了。周恩来、任弼时等在评判委员的陪同下走进赛场。

9点正，比赛在哨音下开始，几十架纺车立即齐鸣，"嗡嗡嗡"的响声在杨家岭的上空回荡。周恩来和任弼时沉着应战。他们把一条条均匀的线抽出来，上到穗上，不一会儿，一个像萝卜一样大的线穗就退下来了，接上线又纺起来。他们的动作那样熟练，在旁边观看的同志对他们的纺技赞口不绝。

12点，纺线比赛在号令下结束了。

周恩来停下纺车站起来，笑着碰了一下任弼时，关切地询问："怎么样？恐怕有点吃不消吧？""不要紧，就是有点腰酸腿麻，劳动紧张起来，也就不觉得了。"任弼时活动一下腰，高兴地回答。

当天下午，经评比，任、周二人纺线数量、质量都很好，他们被评为纺线能手，并决定把他们纺的线送到陕甘宁边区工业展览会上展示。在发奖仪式上，周恩来、任弼时亲自给同志们授奖，并鼓励大家：要再接再厉，起模范带头作用，进一步搞好生产运动。

默然会意

1947年春开始，中央书记处5人分处两地，刘少奇、朱德到华北领导全国土改和建设根据地等工作。毛泽东、周恩来、任弼时留陕北，指挥全国解放战争，开始了在陕北的转战。

一段时间，中央机关驻在小河村。任弼时住的窑洞和周恩来住的窑洞连通着。早上，东方刚刚发白，任弼时就要外出去营房和马号检查战备情况。为了让周恩来多睡一会儿，不致受惊动，他不走过道，而是小心翼翼

地打开自己窑洞通向室外的一扇小窗,从窗口里跳出去。

一天早上,他又从窗口出去了。周恩来醒来,看窑洞门还没开,以为任弼时还在休息,便轻轻地穿衣下炕。突然,要咳嗽了,这讨厌的病啊!真是!周恩来紧皱眉头,连忙一手捂着嘴极力忍住,赶紧走出门去,直到离窑洞十几米的地方,才低低咳出声来……

四周静得出奇。在金色的晨曦中,只有一滴滴珍珠般的露水,悄悄地从绿叶上滚落下地。

恰巧,任弼时踏着露水检查营房回来了,两人见面,相对一愣,随即默然会意,一股巨大的暖流,升上两人的心胸……

这是何等深厚的无产阶级情意!正是透过这些,人们才看到了中国的希望、胜利的保障!

(陆子明)

志同道合的战友
——任弼时与朱德

一走进任弼时家的客厅,迎面就是朱德的一张巨幅黑白生活照片。朱德开心地笑着,像是要从照片中走出来,走进这个家。

青塘初识

1931年3月4日,中共临时中央政治局常委会决定由任弼时、王稼祥、顾作霖3人组成中央代表团,立即动身去江西苏区。他们从上海出发,辗转香港、汕头等地进入中央苏区,4月17日赶到青塘,参加苏区中央局第一次扩大会议。对于中国工农红军创始人之一的朱德,任弼时早已从周恩来等人口中听到许许多多有关他的故事,只是一直没有见面的机会。在青塘,任弼时第一次见到朱德:一身红军制服,腰间束着皮带,胸前还挂着一个老式的长筒望远镜，体格结实魁梧，言谈举止中流露出一种农民式的朴实。任弼时饶有兴趣地倾听朱德讲述两次反"围剿"的情况。苏区中央局扩大会议一结束，任弼时便离开青塘去瑞金，任苏区中央局委员兼组织部长，直至1933年5月被中央派到湘赣苏区任省委书记兼军区政委，朱德则一直担任红军总司令。

在第五次反"围剿"中，由于王明的错误领导，中央红军遭到重大挫折。为调动和分散敌人对中央苏区的进攻，1934年7月23日中共中央电令红6军团离开湘赣苏区，转移到湖南中部去发展游击战争，创建新的苏区，与贺龙领导的红3军建立联系。党中央指派任弼时为中央代表随军行动。并组成以任弼时为主席的军政委员会。8月7日，任弼时率军出发西征，跨越赣、湘、桂、黔4省，长驱5000余里，历时78天，于10月24日与贺龙率领的红3军在贵州印江木黄胜利会师，完成了为中央红军大转移先遣探路的任务。

10月10日，毛泽东、朱德率红军总司令部从瑞金出发，开始了震惊中外的中国工农红军二万五千里的战略转移。

任弼时与贺龙会合后，红3军恢复红2军团番号，任弼时担任红2军团政治委员。随后与贺龙等同志共同开创湘鄂川黔根据地。

1935年11月，红2、6军团开始突围长征，北上抗日。这时，毛泽东、周恩来等率领红1、3军团已于10月19日抵陕北吴起镇。朱德则在四川阿坝一带同张国焘南下行动及另立中央的行为作艰苦斗争。

会师北上

1936年3月，红2、6军团已抵黔、滇边境。朱德得此消息，为加强同张国焘斗争的力量，促其早日北上，即与刘伯承商议，极力主张与2、6军团会合。1936年3月23日，任弼时等收到朱德、张国焘联名来电，要他们在"旧历3月中水涨之前设法渡金沙江，到雅安与红四方面军会合，大举北进"。一周后又收电报："与我们会合一同北进。"任弼时、贺龙等率2、6军团遂于4月25日始渡金沙江、翻雪山进入藏民区，于7月2日齐集甘孜与四方面军胜利会师。党中央得知他们的行踪后，便指令红2、6

军团合编为红二方面军，由贺龙任总指挥，任弼时任政委。

会师前，任弼时对张国焘对抗中央、反对北上、另立中央以及发布"大军南下令"攻击污蔑中央红军等完全不知，与毛、周联系中断亦因密码在一、四方面军会合后由张国焘带走，只在1935年9月收到过一次周恩来的明码电报。

此次相见，距青塘初识5年有余。当年文质彬彬的任弼时经过艰苦的军旅生活，浴血征战，变得更加成熟，进一步赢得了朱德的信任。

一见面，朱德就把从沙窝分兵以来张国焘反对中央搞分裂的阴谋原原本本地告诉了任弼时等。朱德愤愤地拿出一大叠文件给任弼时看，其中有中央政治局1935年6月28日"两河口会议"的决定，8月5日"毛尔盖会议"的补充决定，中央9月9日和9月11日严令张国焘率部北上的电报，9月12日中央在俄界做出的"关于张国焘同志错误的决定"等。朱德介绍说："看来，一场严重的斗争是不可避免的了。我坚信，二方面军的广大指战员是能够站在正确的立场上，为维护党中央的统一领导，为加强党和红军的团结而斗争的。"为了维护党和红军的团结统一，避免分裂，任弼时决心同朱德、贺龙、刘伯承、徐向前、关向应等一起，同心合力同张国焘的错误进行斗争。他郑重地表示："总司令，你的意见是对的，谁敢反党反中央，我们坚决和他斗争到底！"

两颗赤诚的心紧紧地连在一起了。他们共同分析斗争形势和策略，直到东方发白。

张国焘不死心，想拉2、6军团到自己方面，在朱德面前表示要向二方面军宣传中央的"错误"。朱德对张国焘说："不要宣传，任弼时是不会听你的宣传的。"

7月2日，二、四方面军召开会师庆祝会，朱德、任弼时、贺龙、刘伯承纷纷讲话，一再强调团结北上。朱德说："这里不是我们的目的地，我们要继续北上，要团结一致，战胜北上的一切困难，到陕北同毛泽东、周恩来率领的红一方面军会合。"任弼时讲话说："目前形势很好，中央已经到了陕北，根据地有了发展，中央红军东渡黄河也取得了胜利。现在，中央提出了抗日民族统一战线的口号，提出争取东北军、西北军的问题，我们唯一的道路是北上与中央会合。"

由于朱德、任弼时以及其他同志的坚决斗争，加之四方面军越来越多的同志觉悟，在各种压力下，张国焘终于被迫北上。

离开甘孜，两大主力红军踏上了北上的艰苦历程。

茫茫草地，一片泽国。脚下是腐草、锈水遍布其间的瘆人泥淖，举目四野，浓雾迷濛，不见天日，难以辨明方向，天空中时而细雨清风，时而雪花飘飞，时而大雨滂沱。这是长征中气候最恶劣、道路最艰难、食物最缺乏的一段路。

这时，任弼时遵照朱德、刘伯承的意见，随红军总部和朱、张一起行动。

出发时，每人只携带了七八天的粮食，预计十天可以到达阿坝。结果走了二十多天才到。过了噶曲河，又走了四五天草地，到达班佑。由于沿途得不到粮食补给，开始每人每天只有三四两粮食，不久粮食便吃光了。战士们打狗、打鸟，最后，凡是牛皮、羊皮制作的东西，甚至皮带、皮包都成了食物。

正值这艰苦的时刻，一天，露营处传来了一阵富于生命力的婴儿的啼哭声，陈琮英生了一个女孩。望着草天一处的漫漫征途，任弼时给孩子取了一个富有历史意义的名字——远征。朱德来到陈琮英身边，抱起尚未睁眼的婴儿，笑着说："哭得还蛮有气派哩！"说罢放下嗷嗷待哺的孩子，扛起鱼竿邀任弼时到附近水塘去钓鱼。

当地的藏民是不吃鱼的。因为他们历来奉行水葬，认为鱼是祖先，而人吃鱼就是对祖先的不恭，会冒犯神灵。草地的鱼也不怕人，因此，一阵工夫就钓来了好几条。朱德特别关照炊事员，好好做碗鲜鱼汤给生了孩子的陈琮英吃……

终于，任弼时和朱德、贺龙等带着红二、四方面军走出了草地，走过了天险腊子口……1936年10月，红军三大主力在甘肃境内会师，红二、四方面军胜利地完成了长征。

在抗战前线

1937年"七七"卢沟桥事变爆发，中国全国性抗日战争开始。红军前敌总指挥部改为国民革命军第八路军总指挥部，朱德任总指挥，任弼时任政治部主任。日军不断增强兵力并大举进攻，华北战局危急。八路军不待改编就绪，即誓师出征，开赴华北抗战前线。9月4日，八路军总部由陕西省泾阳县云阳镇东进。黑夜沉沉，高原静寂。韩城芝川镇黄河渡口，部队在紧张地渡河，同一条船载着八路军总指挥朱德和政治部主任任弼时，送他们东行。在山西侯马，他们转乘火车北上，开始了率八路军总部转战太行的历程。他们并肩策划战役，共同签署训令，他们吃住生活在一起，形影相随。

朱德平易近人，忠厚而温和；任弼时表面严肃，内里活跃。紧张的工作间隙，他俩喜欢和战士一起闲谈、娱乐。青年人喜欢打篮球，总部机关人员组织了篮球队，任弼时也参加了，并指示无论走到哪，一定带着篮球。每到一处驻地休息时，就随便找块平地，借老乡一块木板，上面钉个铁圈便一切就绪了。朱德也是球场"常客"，一点不像50多岁的人，有时吃过晚饭，就穿着单裤、胶鞋到球场上来了。

最富戏剧性的是朱、任同时上场，每到这时，人们定会挤得水泄不通，观众比运动员还激动。比赛时，任、朱各踞一方，为的是让战士们消除拘束。他俩各自叮嘱自己的人，打球如打仗，不能讲客气，球场上没有总指挥和总政委，谁也不能轻易丢球！有了这个底，战士们放开了手脚，球场顿时活跃起来。弼时依仗年轻，动作灵活；朱德身大力不亏，也不示弱。高潮就是朱、任两人抢球，两人那专注、认真、毫不相让的一举一动，常常引发观众阵阵欢笑，所有的观众既是朱德总指挥的，也是任弼时政委的，人们忙不过来地喊着："朱总司令加油，加油！""任政委加油，加油！"

1938年2月，任弼时离开山西前线回延安参加中央政治局会议，不久即受中央委派去莫斯科，任中共驻共产国际代表团负责人，向各国共产党介绍中国抗日战争的形势和中国共产党的任务和政策。此去，直至1940年3月，任弼时才返回延安，参加中央书记处工作。1940年5月26日，朱德也从前方返抵延安。分别两年，两人又并肩战斗了。

为总司令做生日

解放战争中，陕北战役结束后，中央机关到了西柏坡。这时，任弼时和朱德时常在一起，他们都喜欢运动，都喜欢打猎，但更多的是在紧张指挥三大战役的日子里，两人到室外散步。朱老总是厚道的，他很尊重弼时，弼时更是从心底里愿意和朱老总在一起。每次散步，他俩总是时而手握着手，谈笑风生，时而手搭着肩倾心交谈。朱德总是把任弼时叫"被子"，足见两人关系的密切、感情的真挚。

1948年12月6日上午10点左右，总参二局局长戴镜元忽然接到任弼时亲自打来的电话："我和总司令下午3点到你们那里看看你们。"下午3点半左右，他们来到二局。因为任弼时主管二局工作，以往也常和朱德来视察，在艰苦的年代，他们一年至少几次去二局驻地，和同志们同吃同住，一起研究工作。所以这次他们来二局，大家也没有觉得有什么异常。同往常一样，朱老总、任弼时一到，先听工作汇报，然后到基层各部门驻地办公室一一看望工作人员，询问他们的工作、学习和生活情况。一直忙到晚上7点多，才回来吃晚饭。

意外的事情发生了。快吃饭了，从来都和同志们吃一样饭食的任弼时，这次却忽然问戴镜元："有面条没有？有挂面没有？"戴回答："有。"只想可能任弼时身体不好，也没多想什么就让伙房煮了几碗面条。面条端来了，任弼时才说："今天是朱总司令生日，特别到二局来和大家一起度过。"

同志们这才恍然。当晚二局的同志马上组织联欢会。在桑家湾最后一期训练班培训地，一座旧的天主教堂里，联欢会直开到下夜3点。会上有唱歌的，有跳舞的，还有人扭起了陕北的秧歌，好不热闹！这就是朱德62岁的寿辰，这就是他亲密战友为他设计的简朴得不能再简朴、隆重得不能再隆重的共产党人的寿辰纪念。

最后的握手

1949年3月，任弼时和毛泽东、周恩来、刘少奇、朱德等领导人一

起，在万众欢呼声中进了北京城。

不料，参加完西郊机场的阅兵式后，回到驻地任弼时便病倒了。这次发病比以往任何一次都严重，血压（低压）高达 150 毫米水银柱，心脏每分钟跳动 110 次以上。

党中央连夜开会决定：弼时必须立即全休静养，直到康复。

服从党的决定。任弼时放下手中的工作，来到西郊寂静而清幽的玉泉山。

玉泉山的夏季，凉风习习，泉水汩汩，除了松枝上不时传来几声鸟雀的啁啾外，再也听不到任何别的声音。无公务缠身，无嘈声干扰，经一段静养，任弼时饮食与睡眠比过去好多了，血压开始正常。同志们和家人都为他感到高兴。

中央领导同志常来看他，特别是朱德来的次数更多。每次来，朱德都要带些任弼时最爱吃的东西。两位情同手足的老战友一见面，照例是要先下几盘围棋，而后散步、聊天，说说笑笑，不无舒心惬意。弼时和朱德，一个生在湖南，一个长在四川，经历大不相同，年龄又有距离，但他们的性格爱好却有惊人的相似之处。他们都是性格内向却又豁达大度的人，除此而外，他俩对散步、打猎、下棋、照相、打球、篆刻、吟诗、作画、弹琴、唱歌……几乎都有同样浓厚的兴趣。人们称他们是"如火如花的老少年"。

一天，朱德又来到玉泉山，任弼时兴致很高，他自己弹钢琴，让远志拉小提琴，朱德、陈琮英、远征、远远合唱。"起来，饥寒交迫的奴隶，起来，全世界受苦的人……"这是一曲别开生面的男女老少混声大合唱，是同时用汉语和俄语唱出的《国际歌》。他们还在一起唱"你是灯塔，照耀着黎明前的海洋；你是舵手，掌握着前进的方向……"歌声，飞出窗棂，飞向沃野蓝天……

在玉泉山休养半年多，任弼时病情虽有好转，但并没有根本性改善。党中央决定送弼时去苏联治疗。1950 年春，他从莫斯科回到北京。6 月，他又向中央申请恢复工作，名义上每天 4 小时，实际上又何止！特别是朝鲜战争爆发后，他白天看电报、批文件，晚上还要参加中央召开的会议。

病魔再次向他袭来。

1950年10月27日上午，于两个月前突发脑溢血的弼时，病情更加恶化。连日来，毛泽东、周恩来及其他在京的政治局委员们，党和国家的其他领导人先后来看望任弼时。但是他已半身瘫痪，不能言语，只凭一只唯一可以活动的手，握握同志们的手，眨眨眼，对同志们的关切表示感谢。

12时，又一辆汽车停在门外，正在忙于组织抗美援朝战争的朱德，大步流星地来到床边，握住任弼时的手，大声呼唤："弼时，弼时同志，我来了，我在这里！……"

任弼时努力握了握朱德的手，嘴角露出一丝欣慰的微笑，他凝视着老战友，从容地安详地吁了一口气……那只手仍旧被朱德紧紧握着。朱德，这位身经百战的钢铁元帅，不禁热泪盈眶。

在隆重的追悼仪式上，朱德沉痛地举起右手，向并肩战斗了20多年的老战友任弼时致军礼告别。

（韩　昕）

一文一武　相得益彰
——任弼时与贺龙

1934年7月23日，中共临时中央和中革军委电示红6军团撤离湘赣苏区突围西征，转移到湖南中部，发展游击战争，创立新的苏区；同时，与贺龙领导的红3军建立可靠联系。8月7日下午，担任中央随军代表、红6军团政治委员会主席的任弼时和军团长萧克、政委王震率军誓师西征。

木黄会师　遂成战友

1934年10月7日，西征途中的红6军团到达甘溪时，突然遭到桂军

的袭击，主力被截成3段，战斗失利，部队损失很大。17师的49、51两团之一部，由李达、晏福生、苏杰率领冲出包围，于15日到达黔东，与红3军会合。

李达同志率部与红3军会合后，贺龙、关向应听取了李达的汇报，得知6军团处境困难，立即率红3军与6军团先期到达这里的部队兼程南下，接应6军团北上。

一个时期以来，任弼时身体很坏，被疟疾折磨得常常只能在担架上指挥行军作战。10月24日，红6军团主力进入贵州印江县的木黄。突然，侦察员报告：前面发现敌情。任弼时即令部队抢占有利地形，准备战斗。由于傍晚雾瘴弥漫，看不清目标。对面有点射枪声过来，战士们准备还击。任弼时思索片刻，命令先不要开枪，因为他听对方打枪有些奇怪，不像国民党兵的打法。是什么部队呢？他命令战士们喊话："你们是什么部队？"

"我们是红军！"对方清清楚楚地回答，"你们是什么部队？"

"我们也是红军！"

"你们是哪一部分？"

"我们是红6军团！你们是哪一部分？"

"我们是红3军！"

战士们登时欢呼起来："啊！我们找到贺胡子啦！"

任弼时精神一振，立即派人到前面仔细观察。对方的战士走近了，透过雾气，人们看见对方果然穿着红军的服装，马上报告任弼时。他微笑着点了点头："好呵，是红3军！"

战士们喊着，笑着，涌下山去。两军同志像失散了多年的亲人一样，互相拥抱着，端详着，眼里闪着激动的泪花。

任弼时也抑制不住满心喜悦，大声询问："贺龙同志呢？贺龙同志在哪里？"

躺在担架上的任弼时和萧克、王震终于和率部前来接应的贺龙、关向应会面了。

不是当事者，又有谁能体会到他们当时的激动心情呢？贺龙，曾经担任南昌起义的总指挥，起义失败后，回到洪湖老家，"从仅仅几个人的起义，发展而为大兵团的红军"，率领部队爬山越岭，风餐露宿，赴汤蹈火，千里转战。现在终于见到党中央的代表，见到了兄弟部队，怎能不使他感到兴奋呢？任弼时率军西征，艰苦跋涉，与湘、桂、黔三省敌军周旋，历时78天，行程5000里，终于找到了红3军，找到了贺龙，完成了任务，又怎能不叫任弼时激动异常！

两双大手紧紧地、久久地握在一起。这便是他们见面并成为亲密战友的开始。

两天后，在四川酉阳县南腰界的猫洞大田举行了会师大会。会上，任弼时宣读了党中央发来的贺电。根据中央军委决定，红3军恢复2军团的番号，贺龙为军团长，中央代表任弼时任政委，关向应任副政委，由贺龙、任弼时、关向应统一领导和指挥2、6军团。

在南腰界，贺龙把军医处长贺彪喊来，对他说："6军团的马大部分失落了，你把军医处的马拨一部分给他们。你要亲自挑几匹最好的马送给6军团的领导人。"又指示经理处，给6军团送粮、送肉，设法为他们营以上干部每人配备一匹坐骑，并吩咐部队连夜到山上割细草为6军团战友打草鞋。他还告诉军部值班参谋，两军会合后站岗、放哨等勤务全部由红3军承担。贺彪把自己最心爱的坐骑、段德昌送给他的纪念物——"小钢炮"送给了任弼时。

任弼时要红6军团的同志把一路缴获的战利品，枪支、弹药、医药、香烟、被子等，送到2军团同志手中……

晚上，贺龙迫不及待地带着干部来找弼时，请他介绍中央红军的宝贵经验。任弼时也迫切要了解2军团在湘鄂西斗争的经验，及黔东湘西的各种情况。两人促膝交谈，直至深夜。

任弼时与贺龙相互尊重，配合默契。他们的模范行为，是促成2、6军团在以后长期共同战斗中互敬互重、密切配合的重要因素，在党的历史上传为佳话。多年后，贺龙还说："两军团6000多人，6000多个心，可大家团结得像一个人，要怎么走就怎么走，要怎么打就怎么打。"

1月，总指挥部接到军委电令，命2、6军团分兵行动：红2军团仍留黔东，红6军团单独向凤凰、乾城方向前进，建立根据地，吸引更多的敌人于湘西北，以配合中央红军突围，进而与2、6军团会合。

领袖交往实录

贺龙不同意分兵，他认为中央军委这个计划不妥，一是2、6军团各自只有三四千人，分开活动力量薄弱，容易被敌人各个击破。二是凤凰一带是军阀陈渠珍长期盘踞的地方，反动统治根深蒂固，且是苗族地区，语言不通，6军团单独前往，难以立足。他主张两个军团一起行动，开往永顺、桑植一带，那里群众基础好，国民党统治力量比较薄弱，进退有利。进，可以到常德、澧县、沅陵，威胁重要城市和长江交通；退，可到四川、贵州。这样更有利于牵制敌人，策应中央红军作战。

任弼时认为贺龙的分析有道理。中央不了解2、6军团的情况，如果按照中央的指示办，2、6军团前途难料；实事求是地处置，责任就要由他来承担。沉思良久，任弼时毅然地说："我们要对革命负责！"于是，他起草了《关于2、6军团集中行动的请示》电，再次陈述利弊。尽管中央军委复电仍坚持分兵，但最后又说，"湘敌将其大部抗击中央红军，2、6军团之环境可有改善，应利用此时机求得向湖南大发展"。

10月28日，红2、6军团一同离开南腰界，浩浩荡荡地向湘西挺进，共创湘鄂川黔根据地。

11月7日，红2、6军团占领永顺县城，进行了为期一周的休整。接着，任、贺共同指挥了十万坪战役。这是自红2军团离开湘鄂西根据地及红6军团西征以来，扭转困难局面的一个重要战役。战前，任、贺等精心布置，制定诱敌深入、在运动中利用有利地形、集中兵力歼灭敌人的方针。役中，任、贺指挥2、6军团分兵参战，配合默契，由红6军团3个主力团为一部，设伏永顺城北90里之十万坪谷地，诱敌聚歼；由2军团负责追击逃敌。是役，歼敌1000多人，俘虏敌旅参谋长以下2000多人，缴获长短枪2000余枝，轻机枪10挺和马匹、子弹等大批军用物资。十万坪一役，不仅改善了红军的装备，鼓舞了广大军民的胜利信心，而且为发展湘鄂川黔革命根据地奠定了基础。

11月17日，2、6军团重占永顺县城，接着2军团一部乘胜占领桑植，24日解放大庸。自此红2、6军团已占领了永顺、桑植、大庸等县城及其广大地区。根据中央指示电，11月26日成立中共湘鄂川黔省委，书记任弼时，委员有贺龙、关向应等，同时成立临时政权机构——湘鄂川黔革命委员会，贺龙任主席。

1934年12月5日,红2、6军团主力在贺龙、关向应、萧克率领下,从大庸出发,逼沅陵、破桃源、围常德、占慈利……给湖南敌人和进攻中央红军的敌人的总后方以很大的威胁,有力地配合了野战军的行动。是月底,部队西返大庸、永顺休整。

此间,任弼时、王震、张子意及夏曦留后方,深入永顺、大庸、龙山、桑植等县发动群众,进行土地革命,建立各种地方组织,使苏区各方面工作按照党的政策顺利发展,成为贺龙驰骋湘西的坚强后方。红2军团在会合后恢复了党的组织,部队扩大了一倍以上,肃反扩大化造成的恐怖现象逐渐消失,指战员的胜利信心提高了,战斗力大大加强了。许多年后,贺龙深情地回忆道:"任弼时同志的到来,给我们以无限的兴奋和力量,从此使我们恢复了和党中央的联系,给我们带来了中央红军的宝贵经验,使我们许多重大的政策问题获得了解决,从而使湘鄂川黔革命根据地的建设和部队的建设在更加健全的道路上向前发展,部队的思想领导、政治工作以及军事工作建设更加健全了,群众运动更加开展了,革命根据地更加扩大了。正因为如此,蒋介石的反动军队,被歼和受到歼灭性打击的数目日益增多了……这一切成就都是与弼时同志的领导及其艰苦深入的工作密切不可分离的。"

1935年2月底,遵义会议的精神传至2、6军团。4月上旬,按中央军委4月5日指示,任弼时、贺龙率军退出塔卧,向北转移。13日激战陈家河,歼敌陈耀汉旅,15日在桃子溪歼敌张万兴旅。接着,6月13日、14日在忠堡歼敌1个师部、1个旅及特务营,并重创6个团,活捉敌师长;8月3日打了板栗园伏击战,全歼敌58师。至此,粉碎了湘鄂两省敌军对根据地的"围剿"。半年多时间内,红2、6军团在任、贺的指挥下,进行了大小战斗30余次,缴获敌人轻重机枪150余挺、无线电台5架、山炮两门,子弹120多万发,生俘敌纵队以下军官百余人、士兵8000多人。在和10倍于我的敌人战斗中,2、6军团从8000人扩大到21000多人。取得如此辉煌战果的因素之一,不能不说是任、贺配合默契,相得益彰。

长征路上共同与张国焘斗争

1935年11月19日,红2、6军团离开湘鄂川黔革命根据地,开始了

新的战略转移——长征。经过半年多的转战、跋涉，1936年7月2日，红2、6军团齐聚甘孜，与四方面军胜利会师。之后，中央电令红2、6军团改称红二方面军，成立总指挥部，由贺龙任总指挥，任弼时任政委，肖克任副总指挥，关向应任副政委。

以前任弼时、贺龙与党中央失去电台通信联络，对张国焘另立"中央"，分裂红军的情况毫无了解，不知道毛泽东已率领中央红军到达甘南地区，而张国焘则率四方面军南下川康地区的情况。他们误以为张国焘以红军总政委名义的来电就是代表党中央。直到会师前不久，任、贺才稍有了解。会师后，经朱德介绍，任、贺终于清楚了一两年来党内激烈斗争的详情。

与张国焘斗争是需要讲究策略的。他自恃人多枪多，以势压人。任弼时和贺龙、关向应商量一定要挫败张国焘的阴谋。这一斗争，又是贺龙坚决支持了任弼时，就像当年2、6军团会合后分兵与否的问题上任弼时坚决站在贺龙一边一样，他们始终为中国革命的前途与命运共同战斗。

在绒坝岔，任弼时即给甘泗淇写了信，交代他3件事：让四方面军来的干部，只准讲团结，不准讲反中央毛主席和一、四方面军的问题，四方面军发的文件，一律不准下发。刚到甘孜，见面时，张国焘就提出要开党的会议。任弼时向他提出：报告哪个做？有了争论，结论怎么做？于是，党的会议没有开成。

然而，张国焘并没有停止分裂活动。他又提出要联合召开二、四两个方面军的干部大会。问题一经提出，任弼时马上看出张国焘企图从组织上以多数压倒少数来同意他的反党路线，便立即找贺龙和关向应商量，任弼时提出增加一条，即不能以多数压少数。这样，干部会也没开成。

此前，贺龙很策略地采取了向张国焘要人的办法，以多带部队与红一方面军会合。贺龙借口转战时间长，兵力损失大，遂将当时归张国焘指挥的32军要了过来。32军原属一方面军9军团，一、四方面军会合时划归四方面军指挥。这样一来，张国焘就不能直接指挥了。

任弼时还深入到四方面军的干部中逐一谈心，讲明团结北上的意义。并受朱德、刘伯承的邀请给四方面军的指战员作报告，多次与张国焘谈心，尽量挽救他，又不致激出无谓的乱子。最后，张国焘只得表示同意北上。一场严重的党内危机被暂时解除了。两方面军即分3路先后北上。朱德、刘伯承因为自己比较孤立，就拉着任弼时和他们一道走。这样，任弼时遵照他俩的意见随红军总部和朱德、张国焘一起行动，贺龙、关向应等率二方面军前行。

从此，任弼时与贺龙这两位相得益彰的政委和总指挥分别进入草地，踏上与党中央会合的北上征途。

戎马征战　相互信赖

为了完成党中央交给的光荣使命，竭尽全力使张国焘北上、三大红军主力汇合，两位配合默契的战友不得不分手。然而，从木黄会师以来，近两年时间他们共同指挥红2、6军团开展湘西斗争，建立湘鄂川黔根据地，率军长征远离中央，远离老根据地，甚至在与中央失去电信联络的情况下，凭着中国共产党人对人民对革命事业的高度责任心和敏锐的政治嗅觉，与围追堵截的敌人浴血奋战，与张国焘分裂主义进行不调和的斗争，粉碎了他的阴谋，团结了二、四方面军，最终促成了三大主力会师。在这之中，任、贺之间结成的最亲密的战斗友谊，也像他们对事业的追求一样默契。

1935年6月13日夜，在湘鄂边界一个叫李家河的地方，2、6军团总部刚要开拔，电台截获了敌人一份密码电报，正待破译，机要科长报告了任、贺。

他俩来到电台旁边，见王永浚正在伏案紧张工作，任弼时对贺龙说："你先走，我等电报译出来，搞清情况就跟上来。"贺龙先是推让任弼时先走，后又想了想，同意了。但临走时又要警卫排多留几个人保护政委，并几次交代警卫员：要是遇到紧急情况，背也要把政委背回来。

贺龙上路后不久，任弼时也纵马奔来了，兴奋地告诉他破译结果：敌张振汉部奉徐源泉之命来解宣恩之围。贺龙高兴地说："好哇！我们赶到忠堡去，打他个伏击！""这个决定是正确的。"任弼时看看天说，"时间还来得及吗？"贺龙说："急行军！"部队随即改变行军方向，急行百里，奔袭忠堡。拂晓时，在忠堡大路两旁山上布好了口袋，战士们开始紧张地

修筑工事。

也许是连日奔波加上深夜急行军的劳累，贺龙病了。

任弼时见他面色发白，直冒虚汗，细心观察，发现他呼吸也不正常，便关切地问他哪里不舒服。贺龙摇摇头，说没什么问题。任弼时不放心，又派人把卫生队长贺诚找来，一检查，贺龙体温高达39℃。任弼时对贺龙说："你下去休息，这里我来指挥。"贺龙哪里肯依。两人争执了半天，最后还是没有说服贺龙，任弼时只好让警卫员好好照顾贺龙。

紧张激烈的战斗进行了两天两夜，敌人像无头苍蝇在包围圈里胡冲乱撞，最后退到一个小屋场。这时，贺龙指挥的炮兵发挥了作用。战斗大获全胜，贺龙的病似乎也好了。

贺龙，一员虎将，在战场上有时难免忘情。一次，战斗正酣，陶汉章跟在任弼时和贺龙后面，敌人炮火很密。突围时，贺龙想骑马冲过去，陶汉章说："站住，你骑马过去不行的！"贺龙不以为然："有什么关系？"陶汉章说："你没关系，我有关系。"硬不让贺过去，让贺下马跟他走。贺龙硬是不下。任弼时不但早已下马，并对贺龙说："老贺，汉章的意见是对的嘛！当然他的战斗经验不如你多，但这个意见是对的，你下来跟他走吧。"贺龙一听任弼时开了口，便下了马，跟陶汉章走了另一条路。过了口子，本该快走几步，可是贺龙还是慢吞吞地大摇大摆地走，急得陶汉章又催他，贺龙却说："你看，你这个孩子，我走不动嘛！"这时，又是任弼时来解围："你快点走嘛，这是打大炮的地方！"贺龙这才又快步走起来。

回忆起这些往事，陶汉章总要说："贺龙听弼时的，有时和关向应争论问题得不到统一时，只要弼时说：'同志呀，这是党的决定啊！'这样贺龙准服了。"

2、6军团监听敌人电台的工作是任弼时一手抓起来的。开始2军团许多人不了解这个电台的作用，看到这个电台天线老架在弼时同志房子跟前，跟着弼时走，跟着司令部，很不理解，以为是对2军团缺乏信任。后来经过几次由于这个电台破译敌人密码而准确地截取了情报连着打胜仗，大家才认识到了它的重要性。贺龙说："我宁肯丢一个团，也不愿丢一个电台。"

1942年10月19日至1943年1月14日，在党中央的直接领导下，西北局在延安召开了高级干部会议。这次会议以整风的精神,总结了陕甘宁边区党的历史问题和工作。1月7日至9日,任弼时在会上做了《关于几个问题的意见》的长篇讲演,他说:"贺龙同志是南昌起义的军事领袖,苏维埃革命时期的红军创造者之一,担任第二方面军总指挥,抗战后任120师师长。贺龙同志是一个真正身经百战的勇士,有指挥战争与建设军队的丰富经验……贺龙同志伟大之处,不仅在此,而且在于他对革命对党的一贯忠诚的态度。他有百折不挠的精神,不因斗争失败而气馁……他对党中央的正确路线是坚决而忠实地执行的,从不以军队势力和党对立,不把军队看得比党高……他下了决心要干的事情,他是一定要一直干到底,不管其中有任何的困难与艰险……"这就是战友对贺龙的最好评价。

(赵一踪)

坚持真理　敢于斗争
——任弼时与陈独秀

1927年,在大革命的关键时刻,中国共产主义青年团总书记任弼时与中国共产党中央总书记陈独秀之间曾经发生过激烈的政治意见冲突,也就是后人所说的:任弼时反对陈独秀右倾投降主义。

分歧开始

任弼时对陈独秀右倾投降主义的认识也不是从开始就很清楚的,而是在团的工作中逐渐认识到的。五卅运动兴起后,中国共青团组织得到蓬勃发展,全国大部分省份、社会各种行业都建立了组织,唯独军队中没有团的组织,特别是北伐以后。当时,以任弼时为总书记的中国共产主义青年团认为:工人农民是党的基础,是我们工作的对象,我们应当在工农中建立自己的力量，军队也就是由工人、农民成分建立起来的，同样我们应当在军队中壮大我们的力量。为此，主张在军队中建立团组织，使团在军队中有发展机会。

但是，由于当时党尚处在幼年时期，对建立自己武装的必要性认识不足，军事工作从一开始就局限于做国民革命军上层的工作。北伐开始后，以陈独秀为首的党中央对党与军队的关系更作了新规定：不仅在国民革命军中不发展党的组织，不便有党的支部，对其他军队甚至在反动军队或土匪中亦不能，且不必有党的支部组织。并认为：我们既与国民党合作，就不愿引起国民党不放心于我们，尤其军队是应当集中的，军队中绝对不能有两种政见不同的组织存在。唯恐引起蒋介石的怀疑和不安。而对党与团的内部关系问题，则认为军队中青年与成年没有不同利益，且青年占主要成分，若在军队中建立团的组织，会造成党的发展困难等等。

任弼时是非常尊重陈独秀的。在政治上，陈独秀曾对任弼时有过启蒙作用。1920年秋至1921年春，任弼时在上海外国语学社学习俄语作赴苏准备时，不但读到了陈独秀主编的《新青年》，并且在此间加入了共青团，成为我国最早的一批团员之一。1922年冬，陈独秀赴莫斯科出席共产国际"四大"时，还专程去"东大"看望中国同学，并于12月7日出席中共旅莫支部大会。正是这次会议讨论通过了任弼时等为中共正式党员。如今尽管任弼时已成长为一个年轻的革命者，负责中国共产主义青年团工作，但并没有改变对陈独秀的态度。

党中央既有如此政见的决定，团当然不能再企图在军队中去建立组织了。任弼时虽然感觉要在军队中建立自己的力量，但没有勇气与党抗争。结果，团派去军队中的同志，没有形成单独的组织而完全合并于党，并且由于党也没有很好地整顿军队中的组织，所以派去的同志变成散而无组织的状况了。

1926年11月，任弼时在莫斯科出席青年共产国际第六次扩大会议及参加莫斯科与列宁格勒共青团代表大会时，常遇到的俄国同志提出的问题就是："中国共青团参加国民革命军中的工作与方法怎样？"任弼时无言以对。特别是斯大林在中国委员会的演说中说到中国革命的特点与优点之一，是"武装的革命反对武装的反革命"，"中国共产党人应当特别注意军队工作"，任弼时对这些论述感到非常亲切。这进一步使他思索，为什么陈独秀的言行与斯大林的论断那么不同呢？

带着一系列的问题，任弼时于1927年春返回祖国。此时，上海已沦为蒋介石残害革命同志的血腥屠场。

第一次递交意见书

迎接任弼时的是铺天盖地的坏消息："四·一二"后上海8000名团员只剩3000；"四·一五"后广州6000名团员损失一半，童子团几乎全部瓦解。敌人的凶残令人发指；陈独秀的右倾投降，更为亲痛仇快。直至蒋介石大屠杀前一周，陈独秀还和汪精卫发表联合宣言，称国民党"决无驱逐友党摧毁工会之事"，要共产党人继续和蒋介石"开诚合作，如兄弟般亲密"。

1927年4月27日，党的"五大"在武昌第一小学开幕。任弼时出席了大会，陈独秀作了长篇报告。但他既没有认真检讨自己的错误，也没有提出挽救时局的对策。讨论中，瞿秋白、毛泽东、蔡和森、恽代英和任弼时等纷纷发言，批评陈独秀的右倾错误。这次大会上，任弼时当选为中共中央委员。

6月下旬开始，全国政治形势越来越恶化，夏斗寅叛变、"马日事变"、朱培德"礼送"共产党员出境等接踵而至，披着"左派"外衣的汪精卫也在国共两党联席会上一再指责共产党"捣乱"，工农行动"过火"。陈独秀对汪精卫抱着幻想，一面委曲求全，步步退让，寄希望于两党联席会议的"上层谈判"；一面也随着汪的调子责备工农行动"过火"，命令工人纠察队自动交出武器，甚至要共青团中央下令解散童子团，说什么如果CY（中国共青团的英文缩写）不听令，连CY也要解散。

面对如此严重的局面，党内有的同志主张："从现在起我们再也不要说什么让步，说什么取缔工农'过火'行为。"任弼时则建议党中央发表宣言向汪精卫摊牌，揭开他的假面具。但陈独秀却说：百事由政府解决，不得自由行动。

无奈，任弼时领导团中央起草了一份致党中央的政治意见书，特请党的中央总书记陈独秀出席团中央会议。任弼时视陈独秀为长者，但又认为"吾爱吾师，吾更爱真理"。

这时，为了安全起见，党团中央机关先后从汉口搬到叶挺的部队和中央军事政治学校驻扎地武昌。共青团在武昌的新机关是一幢两层的中式楼房。

陈独秀在秘书黄玠然的陪同下来了。

武汉的6月，溽暑难耐。天气闷热得像蒸笼。这些日子里，陈独秀心情非常不好。在国共两党联席会上，汪精卫一再责备中国共产党；在中共党内，争论也非常激烈。当时，秘书黄玠然根据陈独秀口授而记下的日记里，都是"会议无结果"、"会上意见分歧"之类的文字。陈独秀时常在屋内踱步，自言自语："唉！我这个总书记还有什么威信！"

正式开会前，任弼时先请陈独秀到二楼小客厅坐定，随后即将团中央的政治意见书拿给陈独秀看。

开始，陈独秀并不很以为然地信手翻阅，并叨咕着什么"幼稚！""荒唐！"而当他看到意见书中对武装工农问题、土地革命问题等党中央的右倾做法提出了意见甚至责问时，本就性格急躁的他再也忍不住了，怒气冲冲，几下就把意见书撕碎，掷在地上，斥责说："你们晓得什么？我现在还是党中央总书记，你们这样胡闹，究竟是党领导团，还是团领导党？"

见状，任弼时却异常冷静，只是请陈独秀再去会场听听大家的意见。却不料，陈独秀站起身，拂袖而去。会议不欢而散。后来，黄玠然说："老头子的家长制恶习又发作了！"

第二次递交意见书

任弼时是颇有韧劲的，一次不行，再来！他希望党的总书记能接受他们的意见，他希望革命尽快出现转机。

大约6月29日或30日，中央要召开常委会议。事前，任弼时因不是常委，只好将意见书交与会常委带到会上。那天夜里，中央常委会在武昌新机关召开。会议3项主要内容：一是张国焘提出的整军经武；二是CY中央决议；三是瞿秋白的书面提议。团中央的决议批评党的中央回避土地革命。陈独秀一听即"大发雷霆，碎之于地"。

此会尽管任弼时没有参加，但后来还是听到人们说意见书被独秀同志毁灭，而未传到党中央会议上。这次团中央的决议在土地革命问题、国民党问题、武装工农问题上均提出坚决的反对意见。

面对面的斗争

7月3日，中共中央召开扩大会议。会议主要内容即是讨论通过关于国共关系的11条"政纲"。

"政纲"上写着："在国民革命中国民党当然地处于领导地位。""现在参加政府工作的共产党分子为减少政局之纠纷，可以请假。""工农等民众团体均应受国民党党部领导和监督；工农武装队均应服从之管理与训练，武汉现有之武装纠察队为避免与政府之纠纷或误会，可以减少或编入军队；工农要求不得超出国民党的决定和法律范围之外，工人纠察队不可干涉司法和行政……"任弼时对"政纲"逐一推敲，感到很激愤。

任弼时要求发言，打算通过共青团提出的一项赞同共产国际指令，反对党的路线的决议。陈独秀当即制止说：青年团根本没有权利提出政治决议案。任弼时毫不退缩，当即呼吁与会的青年共产国际代表表示意见，又遭陈制止：青年团国际代表不能参与，他在这里是客人，但他不能进行干扰！

陈独秀的家长制又一次发作。团中央的意见书最终被禁止宣读。

7月12日，根据共产国际指示，改组中共中央领导，停止了陈独秀的职务。

8月7日，在汉口三教街41号（今鄱阳街139号）二楼一位俄国侨民的寓所里，任弼时参加了党中央紧急会议，和毛泽东、瞿秋白等一起批判以陈独秀为代表的右倾投降主义错误，改组了中共领导班子，确定了新的战斗纲领。在毛泽东发言之后，任弼时作了系统的发言。他说：

"中国共产党有机会主义的倾向。这完全是事实，其原因是我们仅仅做了上层的工作，而忘记了要以革命的力量来领导小资产阶级。"

"武汉政府的封建势力要扩张其势力是需要北伐的，我们可以帮助他们北伐，但要借此机会来抓住群众。结果不然，不但未深入领导民众，而且还要抑制群众的争斗。北伐结果，唐等势更大，其影响汪等小资产阶级的力量越大，民众致遭摧残，我们反失掉群众。"

"党无土地革命的决心，并造出一个理论说土地革命是很长很远的过程，不知这是目前的行动纲领。党不但无土地革命决心，并且还有与国民党组织土地委员会来解决土地问题的幻想。"

任弼时在列举陈独秀屈服于国民党右派的种种事实后说："党怕群众"，"处处迁就小资产阶级，使党失去了作用"。

在谈到改组党中央领导时，任弼时说："现在党要改变过去的错误原则，要实行，非有新的领导机关不可。"对陈独秀，他不无尖锐地说："老头子可去莫。"其意是要陈独秀离开中央领导岗位，到莫斯科去学习。

"八七"会议通过了《告全党党员书》，指出青年团以其中央委员会为代表证明自己最近期间在政治上的坚决性，比党的中央还高些。陈独秀"想闭住青年团的口，否认青年团有提出政治问题决议案之权，但是这并没有成功"。

这就是会议对弼时的赞扬。在"八七"会议上，23岁的任弼时当选为中共临时中央政治局委员。

（欧阳韵）

战略转移善运筹

我是在中央苏区时期认识任弼时同志的，这时期我听说，他在担任中国共产主义青年团总书记期间，曾以团中央名义起草了《致党中央政治意见书》，并在一次中央紧急会议上批判右倾机会主义种种谬论，以及他们隐瞒共产国际指示的错误。在党中央召开的"八七"会议上，他积极拥护党的决议，主张武装反抗国民党反动派的屠杀政策。在接触中，我感到弼时同志不仅对政治问题有深邃的见解，而且关注军事斗争。尤其是在1933年5月，他来湘赣苏区任省委书记兼军区政治委员之后，我在他的领导下工作和战斗了3年。在这患难相从、生死与共的3年中，我们胜利地进行了西征、开辟湘鄂川黔根据地和长征。艰苦转战的岁月，他给我留下一个突出的印象，就是他善于洞察战略大势，能够驾驭战争发展变化的趋势，正确地选择战略方向，确定战略方针。

在那戎马倥偬的年月里，每当战争形势发生重大变化的时刻，弼时同志往往以凝练的语言，把战略全局展现在人们的眼前。1934年7月，蒋介石以31个师的重兵，从6个方向，加紧对中央革命根据地中心区进行"围剿"。由于王明"左"倾路线的领导，中央苏区未能打破敌人的"围剿"。湘赣苏区的红军也屡遭失利，苏区被分割，红军回旋困难。在这种情况下，苏区如何坚持？红军如何行动？大家都在思索着。一天，弼时同志对我说："中央红军可能要向西，到湖南方面去，我们湘赣苏区红军也可能转移。"这几句话对我既有震动，也有启示。按照我们原来的部署，湘赣红军主力转到遂（川）、万（安）、泰（和）地区活动，并恢复井冈山地区，没有想过中央红军可能向西，也没有想到湘赣红军可能进行大的战略转移。不久，中央来电，指令湘赣红军转移到湖南中部，发展游击战争及创立新的苏区。弼时同志根据这个动向，对中央红军向西的估计就比较肯定了。当红6军团进到黔东，中央红军果然开始了长征。正是由乎他综观全局，看到了红6军团西征的先遣作用，因而，我们在历时78天的西征中，跨越白区5000余里，冲破敌人的围追堵截，进入黔东根据地，于1934年10月24日在印江木黄与贺龙同志率领的红3军（后恢复红2军团番号）胜利会师。

2、6军团会师后，战略方向应指向哪里？这是两军领导人面临的一个大课题。弼时同志及时主持讨论，认为黔东根据地范围不大，山多田少，人口不多，不利于大兵团的回旋与发展；向四川及贵州的中部发展也不利，最好是向湘西进军。湘西虽然经济落后，但敌人不强，只有土著军阀陈渠珍3个旅和3个保安团及黔军4000余人。经过研究，决定挺进湘西。由于战略方向选择得当，2、6军团在贺龙、任弼时和关向应的统一领导与指挥下，所向披靡，克酉阳，占永顺，特别是取得了十万坪大捷。这为我们在湘西创建根据地及向东发展战略攻势创造了有利条件，也有力地配合了中央红军长征。

十万坪大捷后，我军乘势东进，在澧水中段及沅江中下游，发展了大规模的游击战、运动战。5月，我军进入湘西北，发现鄂敌驻地分散，指挥不大统一，湘鄂两方以鄂方较弱。于是，采取了对鄂敌取攻势，对湘敌取守势的作战方针。在这个方针的指引下，忠堡一战，给敌41师以毁灭性的打击，生俘敌师长张振汉；板栗园之战，全歼敌85师，毙敌师长谢彬，从而取得了湘鄂川黔苏区第二次反"围剿"的伟大胜利。

1936年2月下旬，我们撤出黔（西）、大（方）、毕（节）游击根据地后，进入了乌蒙山区，并准备南下到盘县建立根据地。当红6军团在宣威与追敌孙渡纵队作战时，任、贺、关率红2军团先期到达盘县一带。这时，总司令部来电，要2、6军团向西、北渡金沙江，到西康与四方面军会师北上。宣威战后，我和王震、张子意同志亦从资孔去盘县研究军事行动。弼时同志从全国形势考虑，认为日本帝国主义不断向华北进逼，全国人民特别是华北青年学生，群情激奋，要求抗战。一方面军已到了陕北，四方面军在西康，现在又要我们北进与四方面军汇合北上。可见，全国革命大势转向北方。讨论结果，决定执行总司令部的指示。这次会议，对红二、四方面军会师甘孜及尔后实现红军三大主力会师陕北，起了重要作用。同时，也体现了弼时同志胸怀全局、洞察战略大势的才能。

在战略转移中，弼时同志重视打仗、创造根据地和扩大红军这3件战略大事，无论走到哪里，都摆在重要地位。

弼时同志到湘赣苏区时，尽管时值第三次"左"倾路线的统治，但他节制了肃反扩大化，保护并调动了贫苦农民的积极性，加强了地方武装的建设，使苏区减少了损失。他很关心红军的扩大与巩固，刚到湘赣苏区，就提出以12天扩红，"在8月完成少共国际团和两个工人营，准备在八一动员模范赤少队整批加入红军"。这个计划实现了，红军势力大为加强。次年夏季，又一次掀起扩红高潮，除补充原来的4个团外，又增编两个团。当时，青年踊跃参军，永新花溪村一次就组建一个新兵连。为了表彰这个村扩红的模范行动，即命之为"花溪连"，加入正规建制，一时传为佳话。

当 6 军团奉命准备西征时,弼时抽了 250 名地方干部随军行动,以备开创新区。2、6 军团会师后,弼时同志立即提出了巩固和开辟根据地的方案。在他主持起草的"关于 2、6 军团集中行动"的请示电中,明确提出:"我们决定加强苏区党和武装的领导,开展游击战争,巩固发展原有苏区,主力由松桃、秀山间伸出乾(城)、松(桃)、凤(凰)地区活动,建立新的根据地。"此后,我们向湘西进军,随即在黔东建立了黔东特委和黔东独立师,坚持黔东根据地。十万坪大捷后,湘鄂川黔省委及时决定 49 团分散到永顺、保靖一带发动群众,建立革命政权。不久就建立了郭亮、永保、桑植、大庸 4 县的县、区、乡党的委员会和政权及工、农、青、妇等组织,以及两个军分区。湘鄂川黔根据地初具规模后,弼时同志又提出:号召新区广大工农群众为着反对国民党军阀的进攻,保卫分田胜利而积极起来参加主力红军和独立团、营、游击队、赤卫队的组织。弼时同志亲自过问扩红的宣传内容、方式及注意事项。他还让爱人陈琮英参加扩红工作。他说:"女同志下去,对发动妇女有好处。"在弼时同志的倡导和组织下,红军得到了补充和壮大,地方武装也很快地发展起来,各县、区普遍建立了游击队和赤卫队。地方武装的迅速发展,既保卫了人民利益,又使红军有了强大的后备军。在弼时同志的领导下,我们更加懂得有人就有枪,有枪就有力量,就有政权。

1935 年 11 月,2、6 军团退出湘鄂川黔根据地,敌人以重兵围追堵截。在边走边打中,弼时同志从来没有忘记开辟根据地和扩大红军。我军由湘中转至石阡,沿途扩军 800 余人。当看到在石(阡)、镇(远)、黄(平)不能立足时,弼时同志和军分会又决定到黔、大、毕建立游击根据地。在这个地区,我们成功地组织了两路口、黄家坝和将军山之役,沉重地打击了敌人,赢得了 20 多天时间,做了大量工作:成立了中华苏维埃共和国川滇黔省革命委员会,颁布省革委会的 7 条施政方针,号召武装民众,挽救民族危亡;积极进行统战工作,在黔西、大定、毕节 3 县及较大的乡镇成立了"抗日救国会"、"人民抗日大同盟"、"贵州抗日救国军"等抗日组织,并邀请西南社会名流、思想上同情马克思主义的周素园先生担任抗日救国军司令员;还派出了大批抗日工作队和宣传队,宣传党的政策和抗日救国的道理,扩红工作热火朝天,2 军团 5 师

14团就是在这次扩红中新组建的。

我曾经想，2、6军团会师之前，由于王明"左"倾路线的干扰，根据地受到严重损失，红军大为削弱。两军会师后，在弼时同志的领导下，不到一年时间，就建立了有百万人口的湘鄂川黔根据地，打破了敌人两次"围剿"，红军达到两万之众。退出湘鄂川黔根据地，虽然转战万里，但由于弼时同志能正确地选择战略方向和立足点，注意扩大红军，加强政治工作，因此，才能突破敌人的围追堵截，保存了有生力量。抢渡金沙江时，两军还有18000余人，到甘南还1万有余。这在当时极为严重的形势下，堪称奇迹。

在与弼时相处的日子里，我深切地感到，同我党其他杰出的政治家一样，在领导以武装斗争为主要形式的中国革命运动中，他的军事谋略及其建树，同他的政治斗争艺术与业绩一样，是中国革命史上辉煌的一页。

（萧　克）

到苏俄去
——任弼时与肖劲光

1983年1月的一天，任弼时的女儿远志、儿子远远去看望八十高龄的一代元戎肖劲光大将。老人看着已经做了姥姥的远志和相貌酷似当年弼时的远远，不禁感慨万分："我们这一辈人很少了，我和你爸爸是最早、最老、最知心，一起参加革命，一起到苏联，在一个时代唯一的一个是你爸爸。"

光阴荏苒，记忆把老人带回青少年时代寻找光明、追求真理的峥嵘岁月。

一

1919年初，任弼时因家中经济拮据，难以承担长沙私立明德中学的学膳费，遂转入湖南第一联合县立中学（简称长郡中学）。因此校属公立学校，学费相对低廉。在旧制25班，任弼时结识了长他一岁的肖劲光。肖劲光自幼丧父，家境贫寒，全家劳作供他一人读书，就这样，每期学费还得用母亲唯一的一枚戒指当金交付，全家再省吃俭用，集资赎当，反反复复。

穷困的经济生活、五四爱国运动的洗礼及为振兴中华而探索的意识，促使任弼时和肖劲光彼此思想接近，感情融洽，同窗共读，朝夕相处，形影不离，互济互助，成了最亲密的朋友。

1920年夏，学校放暑假。任弼时为了节省回家的往返盘费，滞留校中，和肖劲光一起寻找毕业后的出路。生活使他们早熟，他们深知中学毕业后，各自的家庭都绝无使他们深造的经济基础，必须依靠自己奋斗。

一天，他俩在街上经过一个画像馆，弼时看了看外面挂着的画像，回到宿舍就即兴画起来。任弼时很有些绘画才能，果然画得不错，与画像馆陈列的样品相比毫不逊色。然而，他却颇为感慨地对肖劲光说，虽然社会职业对于一个刚刚从学校出来的学生都是关闭的，可是凭一技之长似乎也不难活下去。然而，青年人都是有理想的。他们不愿在国家内忧外患深重的时候仅仅为了谋生而觅得一个糊口的职业混日子。

当时，一代青年人中向外求得工读和学习机会的潮流颇盛，任弼时和肖劲光也曾动过赴法勤工俭学之念，可惜机会错过。但是他们不甘心，仍在寻找各种机会。

一天，任弼时外出归来，很兴奋地对肖劲光说："有办法了！""什么办法？"肖劲光忙问。"到俄国去！"任弼时答道。原来任弼时偶遇同乡任岳，得知最近长沙正在筹组"俄罗斯研究会"，毛泽东、彭璜等人负责，准备送一些学生去俄国勤工俭学。任岳所在的船山学社的校长贺民范也是其中一员，可以通过他介绍参加俄罗斯研究会，争取去俄国。

这一激动人心的消息，在溽暑难耐的苦夏，犹如一席沁人心脾的清风徐来。中午，两个好朋友躺在宿舍的床上，怎么也睡不着。去不去？再有两年就中学毕业了，文凭要不要？他俩思索着，商量着……最后，横下一条心：去！文凭不要了。当下，他们找到任岳，通过贺民范提出申请，加入了俄罗斯研究会。8月，俄罗斯研究会派出了第一批学生去上海外国语学社学习俄文，作赴俄勤工俭学准备。任弼时与肖劲光同时被推选，应着时代的召唤，满怀对未来的憧憬，他们从长沙乘小船至岳阳，换乘一艘江轮，顺流而下。

江风习习，翻开了两位青年追求真理的第一页。

二

渔阳里6号的外国语学社，是上海共产主义小组与上海社会主义青年团为掩护革命活动培养革命干部和输送青年团员到苏俄学习，以公开名义招生的"学校"，实际上学员大多数是通过陈独秀和上海共产主义小组其他成员直接或间接介绍而来的。在这里，任弼时和肖劲光一起学俄文，一起听陈望道讲马列主义课；一起参加政治斗争，刻钢板，印传单，帮助上海共产主义小组编辑出版的《劳动界》、《华俄通讯》等刊物做些抄写和校对工作；遇有纪念日，他们一起参加游行等。这阶段，任弼时和肖劲光等在法租界贝勒路租了一亭子间栖身。没有床，他们睡地铺；为了节约，他们吃最便宜的包饭，并且是4份饭，5人吃。为了理想的追求，他们不以为苦，他们乐此不疲！

1920年8月23日，上海社会主义青年团正式宣布成立。不久，任弼时与肖劲光即双双举起他们的右手，在渔阳里6号庄严宣誓，加入上海社会主义青年团，成为我国最早的一批团员之一。

1921年春，经过8个多月的学习，他们怀着救国救民的抱负，从上海登轮，踏上赴俄学习的漫长旅途，开始了他们为之奋斗终生的事业。正如行前任弼时给父亲的信中所写："人生原出谋幸福，冒险奋勇男儿事，况现今社会存亡生死亦全赖我辈青年将来造成大福家世界，同天共乐，此亦我辈青年人的希望和责任，达此便算成功！"

当时，中国军阀政府和苏俄政府没有建立外交关系，到苏俄去是极秘密的，所以上路之前都分别化了装，扮作各种身份的旅客。一路上，佯装互不相识，暗中相互关照。任弼时化装成理发匠，网篮里装上推子和剪刀，肖劲光则扮成裁缝。从上海到海参崴，乘日本邮轮，还算平安。仲春时节，江南已是草长莺飞，北国却是冰天雪地，太出乎他们的意料了。衣衫单薄的江南少年们没想到北国的春天比江南的冬天还冷。任弼时患了感冒。

照理，从海参崴开始即进入苏俄的土地，不该有什么问题了。但是，那时在远东，日本帝国主义的军队还占据着海参崴和滨海州，并且还有一些白匪没有肃清。伯力以北才是红军驻守。为了保证这一段行程的安全，他们化整为零，几个人一组，分散行走。任弼时和肖劲光一组。时值海参崴发生鼠疫，日本人和白匪在伊曼河赤白交界处设卡，盘查极严，过往行人都要检疫。肖劲光和任弼时一前一后来到检查站，肖劲光通过放行，但任弼时却因感冒未好，体温偏高，被当作鼠疫患者嫌疑扣下。这可急坏了肖劲光，眼睁睁毫无办法，只好一人往伯力行进。他边走边暗自祈祷，盼着任弼时早日脱险。肖劲光到了伯力，与其他人会合的喜悦仍无法替代对弼时的担忧。两天过去了，焦虑之中，当任弼时突然出现在肖劲光面前时，肖劲光一把抓住他连连问道："你怎么脱险的？快告诉我！"任弼时告诉他，日本人和白匪盘问他，他只说自己是理发手艺人，去俄国谋生。他们问不出什么，就又给他量体温。这次，任弼时有了经验，在腋下夹体温计时，将水银部分悄悄地露在外边，以此混了过去。

从伯力到黑河，他们分开水陆而行。任弼时乘火车，肖劲光乘船。黑河会合后，又一起乘火车经赤塔，直奔莫斯科。

三

初到莫斯科，那里的物质生活极其匮乏，尽管苏联人民已经尽了他们最大的努力，给东方大学学生以特殊的照顾，但由于苏联当时正是国内经济困难时期，给他们享受"最好的红军待遇"——每天一块像两个巴掌大的黑面包和几个土豆。早上掰一块，中午就不敢再吃了，否则，晚上就没有吃的了。饥饿折磨着他们。有人难以忍受这份苦而退缩了。任弼时和肖劲光等为

了理想的追求，仍旧充满乐观情绪地坚持学习、生活。在物质生活最艰苦的岁月里，政治上，他俩大踏步地前进着，于1922年先后成为中共旅莫支部的正式党员。他们仍像在长郡中学一样，形影不离，一同参加在莫斯科举行的远东各国共产党及民族革命团体代表大会，一同站岗放哨……

艰苦生活中也曾出现过一两次小小的"奢侈"。当陈独秀赴莫出席共产国际"四大"时，共产国际特意慰问旅莫中国学生，每人发半磅米、一磅土豆、半磅咸猪肉，这在当时都算稀有物品了。任弼时和肖劲光及任岳、周昭秋等几个人凑在一起，找了一个盛开水的罐子，把所有的东西一股脑儿地倒进去煮，尽管他们谁也不会烧饭，但到底还是做熟了。他们兴高采烈地把罐子提到4层楼的教室里，美美地吃了一顿，真是过瘾极了。

60多年过去了，对这一切，肖老仍旧清楚地记得，谈起来充满兴奋的神情，仿佛又回到意气风发的青年时代。

（赵一踪）

十八年间两相见
——任弼时与张爱萍

时光筛选记忆，留下的是经反复咀嚼的精华。海军上将张爱萍与任弼时一生仅有两次相逢，却成为刻骨铭心的记忆。

"他不是AB团"

1931年7月，蒋介石向江西苏区发动第三次"围剿"。在敌人大举进攻中，根据地被分割。在苏区团中央局工作的张爱萍，这个有着一腔热血献身革命却又缺乏斗争经验的年轻人，被派到敌后万泰边境地区负责青年团工作。

当时，革命形势异常严酷，伴随着军事"围剿"，也有地主、富农组成的暗藏的反革命集团对我根据地进行破坏。但是，由于党内产生第二次"左"倾机会主义路线，使整个苏区都发生了肃反扩大化，许多好同志受到打击迫害。张爱萍所在万泰地区也被扣上"在肃清AB团的工作中犯了右倾错误"的帽子，张爱萍本人也因别人的假口供而被诬陷为"AB团"青年总部负责人之一，并即刻遭到逮捕。这时，苏区中央组织部长任弼时来了。

一天，一份关于张爱萍的材料送到任弼时的案头。任弼时阅后暗吃一惊。他含着竹筒烟管，在房里踱步沉思。

张爱萍，他是熟悉的。1927年大革命失败后，在严重的白色恐怖中，张爱萍没有消沉，转到上海从事秘密工作，曾几次被捕，表现坚强。后来，由于在上海已经暴露，无法继续工作，遂被派往红军队伍中。负伤后，又是周恩来同志调他去中央苏区做青年工作的。他怎么会是"AB团"呢？

想到此，任弼时当即找来递交材料的同志，问道："逮捕张爱萍，有什么根据？"

"有别人的口供。"

"口供？"任弼时摇摇头说，"不应只凭口供，应该从他这一时期工作的检查中找出根据。"

于是，随任弼时同来的江西中央根据地少共中央局书记顾作霖被派到万泰地区检查工作。行前，任弼时叮嘱顾作霖："到万泰后，要先了解下层组织，再了解少共本身工作；要从少先队工作到儿童团工作，从党的工作到政府工作等各方面做细致的了解。"

调查结果，完全证实了任弼时的判断，所谓张爱萍是"AB团"青年总部负责人一事，纯系诬陷。

张爱萍得救了。

十八年再见成永诀

此后不久，任弼时即赴湘赣苏区担任省委书记。张爱萍也离开青年工作回到红军中去了。从此，18个寒暑，中国革命从小到大，中国社会发生了翻天覆地的变化。从第五次反"围剿"失败到长征北上；从西安事变到日寇投降；从重庆谈判到中华人民共和国成立，张爱萍戎马18载，成长为中国人民解放军的高级将领。18年间，任弼时为中国人民的解放事业呕心沥血积劳成疾，于新中国成立之际倒于病榻。

1949年冬，在华东海军工作的张爱萍因公赴京，满怀胜利的喜悦和对往事追溯的深情去看望久别的任弼时同志。这是他们18年后的重逢，却不料竟成永诀。

在景山东街任弼时的寓所，任弼时久久地握住张爱萍的手，心情十分激动，真有点不相信眼前的人民解放军高级将领就是当年的小青年张爱萍。张爱萍更不相信，不足20年，艰苦的战争环境和繁忙的工作，竟如此无情地摧残了任弼时健康的体魄，不禁一阵凄然袭来。只有当年那亲切和蔼的神情，依旧留在这熟悉的面庞上。

此次重逢，任弼时不顾重病缠身，一定要张爱萍讲述人民海军的计划和建设工作情形，并询问"重庆"号、"长治"号的情形，询问原海军人员的学习、新海军同志的情绪等各方面情形。当张爱萍告诉他根据党中央和毛泽东主席确定的方针，在一定时期内可以组织一支初具规模的作为建设一支强大的人民海军的基础的华东海军舰队时，任弼时兴奋而又激动地说："胜利后的中国人民，是急需建设一支海军的。中国人民在党中央、毛主席领导下，一定可以建设起一支强大的人民海军。"

最后，当张爱萍坦率地告知任弼时，他和一些从陆军调来新学海军的同志不太安心于海军工作，仍愿回陆军时，任弼时亲切而诚恳地说："我们中华民族历来遭受帝国主义的侵略，都是从海上来的。你们应该安心工作，不会做海军，就应该努力学习，这样我们才能解放台湾，保卫海防。我们中国人民就再也不会受帝国主义的海上侵略了。"

天已很晚，张爱萍起身告辞。

哪想到，不到一年，任弼时竟突然逝世，此一见终成永诀！1950年10月底，在华东军区的一次会议上，陈毅司令员用低沉而悲痛的声音告诉张爱萍："下星期二要追悼任弼时同志！"

难以置信的噩耗使张爱萍沉入默默的哀思中……

（欧阳韵）

弼时同志救了我

那是在草地，是在西康。张国焘正在摆开阵势，准备吞并红二方面军。这是中国革命历史中的一个严重关头！张国焘用最卑鄙的办法，进行着反党、反革命的活动。张国焘的用意是很明白的，他企图威胁二方面军的领导者弼时同志和贺龙同志，企图达到他篡夺党的最高领导权的可耻目的。当时的情况是严重的，在张国焘的军阀主义的方式下，一切都不正常到了极点。

正在这时候，二方面军从贵州川南转战到达了西康。队伍是疲乏的，需要给养，需要粮食，需要一切东西。西康是不毛之地，所有粮食物资的补充来源，张国焘早已盘踞着了。张国焘想把这些作为讨价还价的资本之一。

那时候，我是张国焘的犯人之一。和我一起坐张国焘的牢的同志，还有罗世文、朱光、徐一新等同志。我们是被分开了的，我被押解着跟随队伍向炉霍前进。谁都不敢和我们打一个招呼，我们也不愿和任何人打招呼，因为打招呼就会连累别人。

就在这样的情况下，我们和弼时同志会合了。那是在草地的一个小山坡上，我远远地看见张国焘和一个身材不高、脸孔瘦削、长着小胡子的人在谈话。我猜到那一定是任弼时同志。我们的队伍正是从他们面前通过的。

弼时同志远远地看见我走近了，他笑着站起来，走向我这边，和我握手。

他笑着问："你是廖承志吗？我就是任弼时。"

当时我很窘，不知如何是好。

这时，张国焘也显得很狼狈，他装起笑脸怪腔怪调地问弼时同志：
"怎么，你认识他吗？"

弼时同志笑着说："老早认得。"其实弼时同志那时和我并不认得。

然后，弼时同志严肃地对张国焘说：
"如果他有什么需要的话，我可以帮助他，请你告诉我。"

这之后，我们到了炉霍。还有罗世文、朱光、徐一新，都恢复了局部的自由。

后来，我们这几个人能够到达陕北，不能不感谢弼时同志那时候对张国焘表示出的严肃的态度。

任弼时同志救了我和其他同志。

以后，我和弼时同志见面的机会多了，总感觉到需要向弼时同志学习的东西很多。

但也很遗憾，未曾在弼时同志的直接领导下做过工作。可弼时同志每次和我见面时总是予以亲切的鼓励。

……

（廖承志）

两块光洋寄深情
——任弼时与王首道

王首道永远不会忘记，在他心情最苦闷，处境最困难的时候，任弼时让妻子陈琮英送给他两块光洋的事情。

1931年，王首道担任了湘赣省委书记。遵照毛泽东"工农武装割据"的思想，他领导湘赣省委开展游击战争，使根据地不断发展壮大。不久，王明的"左"倾机会主义路线贯彻下来了，湘赣省委受了影响，也开始抓"AB团"和搞"肃反"，犯了一些"左"的错误。后来，王首道等人发现许多同志根本就不是"AB团"也被抓了，便产生了怀疑，并准备加以制止。他们的做法受到了王明路线的得力干将陈洪时的诬告，结果王首道的省委书记职务被撤，由陈洪时代理。

1933年5月，中央委派任弼时接替陈洪时，担任省委书记兼湘赣省军区政委。任弼时来到湘赣后，坚决制止了"左"倾机会主义者乱抓人、乱杀人的现象。

当时王首道已被下放到白露、袁州一带搞基层工作，由于环境艰苦，他手脚生疮，又患了疟疾，生活很苦，没有人管，非常苦闷。

任弼时了解到这一情况后，心中十分不安。一天晚上，任弼时沉思良久，忽然对陈琮英说："琮英，首道同志现在的处境很难呢，最近听说他又生了病，我很不放心。明天，你带些钱和吃的东西，代表我去看看他。"

陈琮英来到袁州，在一间又破又暗的小屋里，见到了病中的王首道。

"首道同志，弼时听说你病得很厉害，他放心不下，特地让我来看看你。"

王首道听见有人在他耳边叫"同志"，感到很惊奇。几个月来，他已经习惯了管他叫"右倾机会主义分子"、"反革命分子"。可是今天，却有人叫他一声"同志"。他睁开惺忪的眼睛，猛然看见是陈琮英，禁不住热泪纵横，一股暖流从胸中涌起。同志间的真挚关切温暖着身处逆境的王首道。

"琮英啊！如今我是犯了严重错误的人，是个'反革命分子'、'右倾机会主义分子'。弼时和你这样关怀我，真怕连累了你们。"说着，眼泪又禁不住淌了下来。

此刻，琮英也很难过，但她不愿让眼泪在正蒙受屈辱的同志面前流下来，她只是淡淡地一笑，说："怕，我就不来了。我们都是生死与共的革命同志，互相关心是理所当然的。眼下你还要放宽心，注意保重身体。日后，咱们还要并肩战斗哩。"说毕，她将两块光洋和一些吃的东西塞到王首道手里。

火一般的同志之情，温暖着王首道的心。他重新躺下来，脑海中浮现出弼时在送他下放时所讲过的一段话："首道啊，偶尔碰上个阴天，不必介意。革命者在一生中，什么样的困难、痛苦、危险、委屈都可能碰到，这只不过是对我们的考验和锻炼，没什么了不起！我坚信一条朴素而简单的真理：一切脱离实际、脱离群众、不按实事求是原则办事的人，最终注定是要失败的。"

这件事深深地印在王首道的心中，无论岁月怎样流逝，他都不能忘记任弼时的殷切关怀。后来，王首道多次提及此事，并且赋诗一首："……我在湘赣边，心疑'左'势凌。大祸从天降，蒙诬被罪刑。君独能兼听，广纳同志评。对人持慎重，刀下始留情。我既基层调，罹疾身削形。君遣琮英来，探望复叮咛。关怀与帮助，温暖长心萦……"

（于 凡）

优秀共产主义者的崇高品德和风貌

新中国刚刚诞生一年，我们面临着医治战争创伤、恢复国民经济、进行抗美援朝伟大斗争的紧要关头，深受广大干部、群众爱戴的党和国家优秀领导人任弼时同志却永远离开了我们。弼时同志和我在战争年代结下了深厚的革命友谊，把这些终生不忘的经历写下来，是我多年的愿望……

1931年初，湖南省委遭到了敌人的破坏。省委常委刘建中同志脱险来到浏阳，与我一起去平江找到在湖南省苏维埃工作的省委委员李宗白同志。为适应当时紧急形势的需要，经商议，决定由我们和李孟弼同志共4个省委委员组成了中共湖南省委办事处，统一领导湘东特委、原湘鄂赣特委所辖各县委、省苏维埃党团和16军党委，并设法向中央请示。恰在这时，我们从报纸上看到了一条振奋人心的消息，毛泽东同志领导红军粉碎了国民党对苏区的第一次"围剿"，在龙冈一带活捉了敌"前敌总指挥"张辉瓒。办事处便决定派我去找毛泽东。这样，我就来到了中央苏区。于7月间第一次见到了弼时。

我过去只是在党中央的刊物《布尔塞维克》上面读过他的文章。我来到中央苏区的时候，弼时才到不久，担任苏区中央局委员兼组织部长。在中央局的会议上，他听了我关于湖南省委办事处工作情况的汇报和请示。会后，弼时向我介绍了中央苏区的形势和中央制定的路线、方针、政策。他态度和蔼可亲，循循善诱，给我留下了深刻的印象。

中央局听了我的汇报后，认为湘鄂赣边区形势比较好，干部比较多，在王首道的提议下，决定派我到湘赣省委工作，任省委常委、省苏维埃副主席兼党团书记。后来，中央军委决定成立湘赣省军区，委任我为军区总指挥。

那时，王明"左"倾路线在苏区占据统治地位，湘赣省也不例外。由于我们水平所限，当时并没有认识到王明"左"倾路线是错误的，在组织上也积极执行来自中央局的指示。但毛泽东的路线和实事求是的精神，在湘赣边区的党组织及军队的广大干部中有很深的影响。我们在实际工作中，也就常常在某些问题上，对当时中央局的方针、措施表现出消极状态甚至抵触。湘赣省委在一年半多的工作中，统一了湘赣边的领导，深入发动群众，巩固发展了苏区，壮大了红军，取得了不少成绩。可是，1933年春，中央局却认为湘赣省委是"机会主义动摇"。

我们来湘赣时，曾从中央局带来有关"AB团"的很多材料，加之左娜、龙贻奎等叛逃后带领敌人进攻苏区，在这种情况下，我们在打"AB团"的问题上，犯了扩大化的错误，给湘赣省的党和群众造成了损失。这使我们对肃反工作逐渐产生了怀疑，从而与中央局的矛盾变得尖锐起来。1933年4月，中央局派陈洪时（后来叛变了）和吴德峰、方维夏来湘赣，由陈洪时代省委书记，吴德峰代保卫局局长，方维夏任裁判部部长。他们来后，便撤销了王首道、甘泗淇和我的党内外一切职务，并对我们残酷斗争，无情打击。在批斗期间，逮捕了袁德生，后又将其杀害。我因为向陈洪时等讲了"中央局对湘赣的情况不了解"，陈等就指责我"反对中央"。加之，我是省苏维埃党团书记，没有执行国家保卫局逮捕袁德生同志的命令，并曾经按照党的政策，放走了一个俘虏团长，就对我加重处理。

中央局原是任命刘士杰为省委书记，因遭到在中央苏区的湘赣边干部的反对，便改派弼时为湘赣省委书记，刘任副书记。他们于5月到湘赣。尽管那时我和首道已经受了严重处分，但弼时对我们却倍加关怀，并分配我们做些工作，如推销公债、扩大红军等。后来，在青黄不接、军粮特别困难的情况下，弼时在王震等同志的提议下，让我代理甘泗淇（已重新分配任省苏维埃国民经济部长）的后方委员会主任职务。但刘士杰不肯就此罢休，又在《红色湘赣》上发表一篇文章，把我和首道同志写成反革命分子，接着把我从前方调回，开除了我的党籍，给首道同志严重警告处分，还召开"同志审判会"审判我，以消除我在干部、群众中的影响。随后，将我拘留在省裁判部，派法警刘南田同志看守我。嗣后，刘士杰趁弼时到前方时，主持召开省委会议，决定召开公审大会，以"反革命罪"将我送交省保卫局。但是，由于我坚决反对他们的判决，以及我在干部、群众中还有些威信，刘士杰等人心虚理亏，没有敢立即逮捕我。公审大会后，甘泗淇同志连饭也没吃，就骑着马跑到前方部队，向弼时等同志汇报此事。弼时立即表示不赞成这样搞法。随即赶了回来，纠正了这一错误判决，并亲自找我谈话说："把你判到保卫局是错误的。"如果不是弼时纠正这一错误，我哪里还能为党和人民奋斗几十年！

由于省裁判部已经召开过公审大会，刘士杰又深得中央的信任（弼时后来也说过他那时并没看清刘的本质，对刘是放任了），任弼时当时也受到"左"倾路线的排斥，处境维艰，因而他没有可能完全改变当时的局面。裁判部还是判了我一年零两个月的徒刑，把我关进了"劳动感化院"。当湘赣省政府把我的案件报告中央政府时，毛泽东以中华苏维埃中央人民政府主席的名义，复电表示："判张启龙一年两个月徒刑不为轻。"谭余保同志接到电报后，搞不清是什么意思，就去问弼时。弼时告诉他："是说判重了！"我后来才知道，弼时同志作为中央局的主要负责人之一，又是政治局委员，被派到湘赣当省委书记，就是因为他对"左"倾路线有所抵制。而且他在湘赣当省委书记时，也被当时的中央批评为"有右倾机会主义"，还受了严重警告处分。

由于王明"左"倾路线的危害，整个苏区的形势日益恶化，湘赣苏区也不例外。我被关了不足两个月，敌人就打到离"劳动感化院"两里远的地方了。在这紧急时刻，弼时并没有忘记我。他及时地查问："张启龙现在在什么地方？"当他得知我在"劳动感化院"时，就下令把我放出来，调回省级机关。我回到省里后，弼时对我说："现在保卫局的工作很忙，你到保卫局去帮助他们做些工作。"我说："我曾经被判到保卫局，蒙你纠正了这一判决，现在又要我到保卫局工作，我认为不合适。"他没有坚持，把我另行分配到省优待红军家属委员会当主任。过了不久，他又诚恳地劝我去保卫局帮助工作，并说明了必要性。在那紧张的战斗中，弼时同志如此果断地命令释放我，而且分配我工作，这充分说明了，当时王明"左"倾路线虽然占据着统治地位，但他尽可能地进行抵制，表现了他对同志的关怀和爱护，使我受到了莫大的安慰和鼓励。

1934年8月，战斗在湘赣地区的红6军团作为中央红军战略转移的先遣队突围，开始了西征。弼时在王震的支持下，亲自决定让我随军长征。留在湘赣的省委书记陈洪时原来就想置我于死地，我如果留在苏区，就很可能被他害死。这是弼时有意保护我。长征中，弼时每次看见我，都鼓励和安慰我，关心地问我身体如何。红6军团于1934年10月与贺龙同志率领的部队在贵州印江会合后，决定建立湘鄂川黔革命根据地，我被任命为湘鄂川黔省革命委员会的总务处长（相当于秘书长）。我还先后两次担任过红6军团的供给部长。我们这支部队离开湘赣后，用了两年多时间，历尽千难万险，到达了甘南的徽县、成县一带，在弼时主持的红二方面军党委会上，恢复了我的党籍，并决定由我担任红6军团的统战部长。一次，弼时在路上碰到了我，对我说："现在你做统战工作，衣服要穿得整齐一点嘛。好好工作，你是能做出成绩来的。"寥寥数语，令我倍感亲切。

长征结束后，弼时调到中央军委工作，后来又到八路军总部工作，还到莫斯科任我党驻共产国际代表团的负责人，我们有几年时间没有见过面。1940年初，他回到延安参加中央书记处的工作。当时我在马列学院工作，经常受到他的教诲。例如：毛泽东作《改造我们的学习》的报告那天，他便勉励我好好学习毛泽东的这一重要报告，并在马列学院贯彻执行。我在中央管理局工作时，在毫无拘束的气氛中，他耐心听取我的汇报，采纳我的建议，果断地改变了当时管理局不合实际的做法。我在中央党校四部当主任时，他曾专门找我谈了整整3个半天。他详细了解我参加革命以来直到他去湘赣前的全部经历，主要是秋收起义后，依靠群众，开展游击战争，建立苏区根据地，实行土地革命等情况。他还和我仔细讨论了湘赣省委工作时期的经验教训，谈得非常融洽。他说，过去对我到湘赣

前的经历很不了解，并再三鼓励我将这一段战斗经历写出来。我说，四部100多学生正在整风，没时间写。过了不久，肖三专门来党校四部找到我，说弼时派他来帮我写湘鄂赣那段经历，我又以工作太忙，婉言推辞了。

1944年，弼时在中央办公厅召集在湘赣工作过的同志开座谈会，讨论了湘赣苏区历史发展的过程和经验教训。我参加了这个会的前段。会上大家畅所欲言，发表一些不同看法和批评意见。弼时耐心地听取了各种意见，并最后做了总结。后来，我看到了弼时的总结发言稿，深受教育。他的发言，通篇充满了历史唯物主义观点，充满了实事求是和严于自我批评的精神。他对于湘赣边区历史的回顾，对前后两届省委工作得失的评价，对经验教训的总结，令人悦服，的确是运用马列主义理论总结历史经验的范例。

我对弼时同志始终怀着深深的敬意，因为在他的身上充分体现出了一个优秀共产主义者对同志、对革命事业极端负责的高尚品格和风貌！

（张启龙）

永远的怀念

莫斯科——斯大林同志领导下的社会主义苏联的首都，我曾在那里学习过3年。离开它以后，我经常回忆起：庄严的列宁墓，不灭的克里姆林宫红星，翻腾的莫斯科河水，宁静的莫斯科郊外……我还经常回忆起：在红场的庆祝大会上瞻仰斯大林同志的丰采，在共产国际拜访季米特洛夫同志时的谈话，在柳克斯和战友们毫无拘束的欢笑……但是，经常在我脑海里浮现的，却是在莫斯科期间，任弼时对我的关怀和教导的情景。

"你坐我的飞机走吧"

1938年，新年伊始，我正在延安党校13班学习。一天，党校领导同志找我谈话，通知我说，组织上决定派你去苏联学习。

2月，我们离开延安，踏上了北去的征途。我们这一队由彭加伦同志带队，和我一同去苏联学习的有马明方等同志。同时，还有我党应新疆军阀盛世才的邀请，派往新疆工作的林基路同志。我们乘坐汽车，风尘仆仆地到了兰州。

到兰州时，我们遇见了去苏联主持中共驻共产国际代表团工作的任弼时，他是秘密乘飞机到兰州来的。任弼时高兴地握着我的手说：

"同志们一路辛苦了。"他见我脸色不太好，诧异地问道："怎么啦，不舒服吗？"

我连忙说："没事，只是疲倦一点。"

我告诉他，因为红军长征后，我在南方坚持游击战争。在一次战斗中，脚受重伤后被捕，一直到1937年9月间才与叶剑英取得联系，并在叶剑英的安排下在南京治疗脚伤，10月间才到延安。到延安后，肠道不知又患了什么病，天天下午低烧，所以身体显得很孱弱。从延安经西安到兰州，在汽车上一路颠簸，确实显得有点吃力。

任弼时关怀地看着我疲惫的神色，考虑了一下，对我说："你坐我的飞机走吧！"我正想推辞，他又无限关怀地说："不要客气了，你身体不好，坐飞机舒服一点，你就随我一块坐飞机走吧！"

我感激地望着任弼时，愉快地答应了。

从兰州出发，我们直飞迪化（今乌鲁木齐市）。同机的有张子意同志。

这是我第一次乘飞机。远处，一片云海，云涛追逐；近处，几丝浮云，飘然而过。苍穹寂静，只有飞机发动机发出的和谐而有节奏的轰鸣。我突然想起了苏轼的词："我欲乘风归去，又恐琼楼玉宇，高处不胜寒。"我心里在想：苏轼的担心是多余的，我坐在机舱里，全身充满着温暖，毫无寒冷的感觉。是党的培养，给我安上了前进的翅膀；是任弼时的关怀，将我送上了祖国的蓝天。想到这里，我又情不自禁地看了任弼时一眼。

到迪化后，任弼时休息了一天，便到苏联去了。我们因为等护照，在迪化休息了个把月。随后，我们才从迪化启程去苏联。

"你应该到政治班去当班长"

1938年5月初，我们来到莫斯科。一下火车，我们便轻声地叫起来："莫斯科！"

……

以任弼时为团长的中共驻共产国际代表团为我们准备好了一切。我们安顿下来后，第一件事就是去拜谒列宁墓。以后，我们又参观了莫斯科的一些纪念馆和博物馆，游览了莫斯科的一些风景区。在莫斯科，我除见到了任弼时、陈潭秋等同志外，还遇见了比我们先到的贺诚、贺子珍等同志。国外逢知己，他乡遇战友，心里真有说不出的高兴。

1938年9月，我们这个班开学了。……

开学后，我们开始都在一起学习，既学政治，又学军事。后来，任弼时指示我们分成军事班和政治班。政治班的学员有我和马明方、蔡畅、阿金、骞先任、贺子珍等，贺诚在政治班作旁听生。我们这个班属共产国际七部，部主任有中共的张子意同志和苏共的邱布根同志。

我开始报名参加军事班，因为在国内我一直在军队工作。后来，任弼时同志把我找去，对我说："你应该到政治班去。"他停了一下，又接着说："我们党的理论水平还很低，真正懂马列主义的同志还不多。在我们军队里，目不识丁的同志还不少。他们参军以后，懂得了一些马列主义的基本原理，但系统地了解马列主义的理论还谈不上。因此，你们不仅有个自己学习的任务，而且还有个回国后帮助别人学习的任务。"

我原准备好好地学习一下军事理论，听弼时这么一说，也就同意改学政治。

弼时见我答应了，便高兴地笑着说："好，这样好，共产党员以党的利益为重。"没想到任弼时见我同意进政治班后，又对我说，"你应该到政治班去当班长！"

这我就不好答应了。因为我总想自己多学点东西，而一当班长就要处理些杂七杂八的事，肯定要耽误一些学习时间。任弼时见我不答应，也不生气，他慢慢地、平心静气地诱导我："你有这样好的学习条件，这样充足的学习时间，还怕耽误了学习，那国内的同志、在战场上的同志怎么办呢？如果你们几个人，谁也不肯为大家作点自我牺牲，谁也不肯当班长，那这个班谁来带呢？共产国际的同志，苏共的同志，如果也像你这个想法，那岂不是这个学校也不要办了吗？"

弼时对我的批评既委婉而又严肃，使我心悦诚服，感到自己的想法确实不对。于是，1938年10月间，我就到政治班去了。

"你们也作报告去"

我们刚到苏联时，看到各处挂的中国共产党的领袖像竟是王明的，而没有毛泽东的像，大家都觉得很奇怪。据先期在这里学习的东北抗日义勇军的同志们告诉我们，原来我党驻共产国际代表团的康生在这里极力吹捧王明。康生串联一些人给共产国际写请愿书，要求共产国际批准王明为中共党的总书记。他在莫斯科，到处鼓吹王明是中共党的领袖，他讲课时总是以王明的《为中共更加布尔塞维克化而斗争》的小册子为依据。由于王明及其追随者康生在这里进行歪曲事实的宣传，使共产国际的领导和一些兄弟党的同志对中国党、中国革命的情况未能得到真实的了解。

任弼时到莫斯科后，便立即着手工作，进行了频繁的拜会、报告、讲演、解释等活动，向共产国际、苏共中央、斯大林及其他兄弟党介绍中国革命和中国共产党的真实情况。1939年秋，周恩来来莫斯科，治疗右臂骨伤。这期间，周恩来也抽出了大量的时间会见了共产国际的负责人和各国共产党驻共产国际代表团的负责人，向他们通报了中国的情况。

为了将我党的真实情况迅速地介绍出去，批判王明、康生在莫斯科散布的谬论，肃清其影响，任弼时又找我们几个负责同志说：

"你们要走出校门去做宣传工作，你们也作报告去！"

根据任弼时的意见，我和马明方、张子意等人，都分别去做过关于中国革命情况的报告。我出去讲过两次，一次是给德共驻共产国际代表团介绍中共的情况，一次是给莫斯科的一个区组织的群众报告会讲中国革命的情况。报告的主题思想是任弼时亲自给我们交代的：通过真实地介绍中国革命的过程，介绍中国红军的强大，介绍中共党内的路线斗争，介绍中国

革命目前的困难，阐明在毛泽东的领导下，中国共产党一定能够克服困难，将中国革命不断引向胜利。我记得，我们报告的主要内容是，根据我所知道的中央根据地及闽浙赣皖根据地的情况，介绍中国苏维埃运动的产生、发展的过程；根据中国抗日战争爆发后的国内情况，中国抗日民族统一战线的建立，谈中国共产党对抗日战争的主张；以及我所知道的赣东北根据地受"左"倾机会主义路线干扰和破坏的情况，介绍中共党内正确路线和"左"倾机会主义路线的斗争。因为当时对王明路线尚未公开全面清算，所以我们谈的时候，主要是从正面谈以毛泽东为代表的正确路线对中国革命作出的贡献；介绍中国红军长征的情况及陕北根据地的情况。因为当时一些不明真相的兄弟党及一部分莫斯科群众，以为红军长征时完全被打垮了，被消灭了，所以我们详细地介绍了红军长征的伟大意义及红军会师陕北的情况。

由于中国革命有它威武雄壮的场面和丰富多彩的内容，所以，我们每一次报告，都得到兄弟党及苏联群众的热烈欢迎。在任弼时的领导下，我们进行了大量的宣传工作，很快就使共产国际及兄弟党的同志们了解了中国党及中国革命的真实情况。交谈时，他们都真诚地说："中国党是伟大的，应该向中国同志学习。""毛泽东同志的主张是正确的，毛泽东同志是中国党的伟大领袖。""在毛泽东同志领导下，中国革命是有希望的。""祝你们胜利！"

"你们应该走出去学习"

我们到莫斯科后，联共（布）召开了具有伟大历史意义的第十八次代表大会。组织上安排我们先学习联共（布）的"十八大"文件，特别是重点学习了斯大林同志在党的第十八次代表大会上关于联共（布）中央工作的总结报告，学习《联共（布）党史简明教程》。

《联共（布）党史简明教程》是任弼时主持翻译并指示我们学习的。当时，任弼时将中共驻共产国际代表团中懂俄文的同志组织起来，一章一章地翻译《联共（布）党史简明教程》，其中第四章《辩证唯物主义和历史唯物主义》，是任弼时亲自翻译的。他们翻译完一章，我们就学习一章。

因此，我们是《联共（布）党史简明教程》中译本的最早读者。任弼时的意见是，这样既可以解决我们的学习教材问题，又可以检查译文的质量。

由于翻译水平是很高的，我们读起来不感到很吃力，但有些地方也没译好。我记得有个句子，在讲到不要把马列主义的理论摆在那里，不联系实际而空谈理论时，俄文中用了个谚语作比喻，译者就采用了直译的办法，译出来的句子就是："鞋子搁在草席底下。"我们读来读去总觉得很别扭，但我们又不懂俄语，不知道怎么翻译。当时，任弼时很关心我们的学习，有一次，他问到我们学习有什么困难时，我就把对这个句子翻译的意见告诉了他。他接过原文，用中文和俄文将"鞋子搁在草席底下"反复念了好几遍，又琢磨了一下，然后，轻松地说："这就是中文'束之高阁'嘛！"我们听了也恍然大悟，才明白了这句话的确切的中文含义。

后来，任弼时将《联共（布）党史简明教程》的中译本带回国内。1942年，党在延安整风中，将《联共（布）党史简明教程》列入重点学习文件之一。毛泽东对任弼时的工作给予了很高的评价。

在学习中，除了语言文字不懂的困难外，我们还碰到一个大的困难就是：由于对国际共运和联共（布）的历史不甚了解，学习国际共运史和联共（布）党史时感到很吃力。我把这一情况向任弼时汇报后，任弼时当即指示说：

"要改变学习方法，不要关起门来读书，你们应该走出去学习，要采取参观、看展览、听专题报告等各式各样的形式来加深印象，从而加深对教科书的理解。"

后来，任弼时将他的意见向共产国际作了反映，共产国际也同意弼时的看法。经过和苏共同志商量后，学校立即根据教学课程的内容，给我们作出了到外地参观的安排。我记得，在十月革命节时，我们到列宁格勒（即原彼得堡）参观过冬宫、"阿芙乐尔"巡洋舰等；在学习斯大林革命活动时，我们到斯大林的家乡格鲁吉亚参观过；在学习苏联军队建设的经验时，我们参观过基辅的炮兵部队，参观过波罗的海舰队的海军部队，参观过莫斯科的空军部队，参观过三军联合作战演习等。在学习国际共运史时，我们还请德共的同志来讲过课。按照弼时的指示，我们"走出去学

习",果然取得了很好的效果。一直到现在,对这些参观过的地方,我的印象还是很深的。每当我看到书架上《联共(布)党史简明教程》这本书的时候,我就又想起了任弼时领导我们学习这本书的难忘情景,就想起了在莫斯科期间任弼时对我的关怀和教导。

(方志纯)

难忘的教诲
——任弼时与帅孟奇

1930年夏天,关向应从上海调到武汉,负责长江局的军事工作。从纱厂刚调出的帅孟奇同他一起,参加了长江局秘书处的工作。

当时,李立三领导的中央强令实行全国总暴动,确定南方由李富春负责,长江一带由任弼时负责,准备实行会师武汉,胃口大得吓人。

为了研究这一问题,任弼时在党的秘密机关召开会议。关向应、帅孟奇等都参加了会议。会上,帅孟奇初次见到了任弼时。

任弼时显得心情很沉重,因为他对"左"倾路线的许多做法感到疑虑,但不是采取消极态度。他要求大家:要注意路线,要把路线掌握稳;对国民党反动派绝不让步,但也不要轻易发动罢工等斗争,不要冒冒失失;要兢兢业业,埋头苦干;要把秘密工作和公开工作结合起来;要依靠群众,发动群众,团结大多数,不要唱光杆子戏……

初识任弼时便给帅孟奇留下了深刻的印象。她觉得任弼时谈问题透彻,指示工作具体。听他讲话的口音知道他是湖南人,但因为秘密工作的原则,帅孟奇没有问他姓名。

帅孟奇在长江局机关的具体工作是抄写材料和密写文件。她是工人出身,没有多少文化,常常因写字不好,写得慢,急得直哭。一次被任弼时看见了,他便笑着安慰帅孟奇:"不要哭,我来帮你的忙。"随后他细心地告诉帅孟奇怎样才能将字写好,并鼓励她说:"这件工作对你是有一定的困难。但是,俗话说'字无百日功',只要努力练习,字很快就会写好的。"在任弼时的亲切鼓励和帮助下,帅孟奇安下心来,刻苦练习抄写,渐渐地有了进步。有一次,任弼时看了帅孟奇抄写的稿件,高兴地称赞她"比中学生写得还漂亮"。

帅孟奇一直是做群众工作的,初到机关时,对憋在房里抄抄写写很不习惯。任弼时觉察到帅孟奇这种情绪以后,马上找她谈心,开导她要服从党的需要,扎扎实实地把工作做好。

当时的武汉正处在白色恐怖之中,湖北省委和武汉市委的组织和机关遭到了严重的破坏,著名的革命家夏明翰、向警予等同志都先后在这里牺牲了,还有许多同志失去了联系。

为了使党的工作免遭破坏和损失,任弼时常常教育帅孟奇等党的地下工作者,对国民党绝不能让步,要记取陈独秀右倾投降主义路线带来的惨痛教训,要保持一个革命者最崇高的革命气节,不论在任何情况下都要以自己的生命保护组织和同志。任弼时还嘱咐他们进行秘密工作要注意培养自己吃苦耐劳的工作作风,坚定、沉着、大胆、心细、不要随便暴露身份;要注意观察形势的变化,善于应付复杂险恶的环境。同时,任弼时强调要永远保持同群众的密切联系,注意选择可靠的对象,只有在得到群众的支持和掩护下,才能使秘密工作顺利开展。他的这些教导使帅孟奇受益匪浅。

不久,武汉反动当局对革命者进行大搜捕。帅孟奇被迫离开武汉后,在上海不幸被捕。自此,她便失去了与任弼时的联系。

1940年,帅孟奇来到延安,正值任弼时刚从莫斯科回来。帅孟奇去看任弼时,谈起武汉机关被破坏的事,谈话间,任弼时亲切地告诉了帅孟奇他真实的姓名。当时,帅孟奇高兴极了,她心想:"噢,原来他就是任弼时呀!"此名早就听说过,直到现在才对上人。

在延安,帅孟奇在"农委"机关工作。"农委"是个代号,实际是负责蒋管区的工作。1946年下半年,任弼时开始领导"农委"工作,因此,帅孟奇二度在任弼时指导下进行工作。这次与在武汉完全不同,在延安是在自己政权下工作,有什么问题,可以随时请示领导。帅孟奇每次去向任弼时谈工作，他都是以和蔼的态度来教导帅孟奇。当帅孟奇在工作中犯了事务主义毛病的时候，任弼时便提示她，现在不是在武汉时候的工作了，凡事要多用脑子，记着毛主席的话：要开动机器，才能把工作做好。在任弼时的关怀和教导下，帅孟奇的工作艺术和能力都有很大长进。

任弼时不仅在工作上指导"农委"的同志，在生活等方面对"农委"的同志也十分关心。"农委"机关设在侯家沟，因为不久这里的许多人将被派往白区工作，为了不暴露身份，所以不能随便外出。一次，延安演戏，别的单位的同志都去看戏，而"农委"的同志照例不能去。不少人因此想不通，有意见。帅孟奇当时在"农委"负责政治思想工作，她将这种情况反映给任弼时。任弼时知道后，马上给"农委"的同志们讲了秘密工作的重要性，并动员他们在机关内自己开展文娱活动，还请了一个文工团专门来"农委"给他们演了《三打祝家庄》。任弼时这种细致、切实、关心人、体贴人的作风，使帅孟奇很受教育。

1945年抗战胜利后，侯家沟"农委"的工作结束了，帅孟奇被调到中央妇委工作。恰好中央书记处分工任弼时抓妇女工作。帅孟奇有幸再度在任弼时的指导下工作。在任弼时的领导下，妇委在土改、支前等方面做了大量工作，并在西柏坡召开了全国第一次妇女代表大会。

任弼时的教诲，在帅孟奇成长的过程中发生了重要的影响，对此，帅孟奇始终不忘。1984年任弼时80周年诞辰纪念日时，帅孟奇亲笔写下了"怀念教育我的弼时同志"10个大字。这10个字里含着帅孟奇对任弼时多么深沉的怀念啊！

（王　朴）

"我们对工作是要负责任的"
——任弼时与刘晓

1929年，任弼时出狱后不久，受党的委托去江苏工作，担任江苏省委常委。当时，刘晓在浦东一带做农民工作，经常到上海向江苏省委请示工作，受任弼时的秘密领导。

当时，上海白色恐怖非常严重，区委和省委的关系已经建立了政治交通传达制度，刘晓等同志的意见都是经过交通员传达给任弼时的。

一天，刘晓通过交通员又来向任弼时请示工作。原来浦东地区在最近农民武装斗争失败以后，为了反对敌人镇压，准备再进行一次武装斗争，浦东区委为此拟定了新的暴动计划，特委托刘晓向省委报告。

任弼时得知这一情况后，思索片刻，问交通员："浦东来的人住在哪个旅馆？"

交通员望了任弼时一眼，很快明白了他的意思，不安地说："你要去找他？不行！那样不安全！有什么事让我去告诉他吧。"

"不！"任弼时一边穿大衣，一边说："亲自谈谈，情况才能摸得更清楚。"

半小时以后，任弼时突然来到浦东地区的负责人刘晓的房间里。当他摘下眼镜时，刘晓惊奇地睁大眼睛，既高兴又担心地说："你到这里来太危险了！"

"虽然有一定危险，但我们对工作是要负责任的。不然，会有更多的同志牺牲。"

刘晓心里一热，连忙到门外观望了一下，没有发现可疑迹象，这才放心地关好房门，然后向任弼时汇报他们的暴动计划。

任弼时认真地听着，思考着。刘晓汇报完毕，任弼时慎重地向他提出了一连串的问题：暴动的事征求过干部和群众的意见没有？胜利的把握有多大？群众反抗国民党的情绪究竟到了什么程度？有些什么典型事例？万一暴动受挫，群众是否会同我们一起坚持到底？……

刘晓对于这些问题，有的能做出回答，有的就含糊其辞了。

任弼时觉得情况还没有摸得十分清楚，他说："决定行动，还要先和当地群众商量。这样吧，你回去约个农民到这里来，我亲自和他谈话。"

不几日，刘晓带来一个浦东的农民。那是一个中年汉子，见生人有点腼腆。尽管刘晓事先告诉他，任弼时的外号叫"小胡子"，对人热情和蔼，非常关心同志，是个顶好的人。但他刚见到任弼时的时候，两只大手还是

不自然地搓着。任弼时热情地接待了他，倒茶，递烟，拉家常话，问他家里油盐柴米的情况，使这位农民感到非常亲切，紧张的心情很快消除了，从而轻松爽朗地谈起浦东农村的情况……

谈完了，任弼时一声不响地走了。

这天夜里，刘晓怎么也睡不着，他一方面担心任弼时路上的安全，另一方面也期待着省委的指示。

突然间，他的房门被推开了，进来的是一个身穿西服，教授模样的人。等那人摘下礼帽和眼镜之后，他才发现来人是任弼时。

弼时用冷静的眼光观察了周围的一切，而后用肯定的语气，低声对他说："省委认真地研究了浦东的情况，认为你们目前再发动一次武装暴动的条件是不成熟的，你们应当取消这次武装暴动的计划。"

刘晓感到有些突然。

"不要着急，听我说下去。"任弼时笑了笑，接着详细提出了理由。他指出：浦东党组织受到严重的破坏，现在还未完全恢复，力量不足。国民党政府对农民的剥削压迫虽然很重，但农民刚遭到过一次斗争的失败，有畏惧心理。有的农民虽然缺衣少吃，但还抱有幻想，寄希望于今年收成。而且附近的农民也没有能够起来响应暴动的迹象……因此，在这种情况下组织起义，无疑是冒险，会遭到失败。

在摆明这些理由后，任弼时又语重心长地对刘晓说："我们无论做什么事，都要从当时当地的实际情况出发，实事求是，千万不能光凭主观愿望和一时的热情去盲动蛮干，特别是咱们做领导工作的同志，手里掌握着千百万同志的生命，绝不能拿这些生命去冒险，去做无谓的牺牲，绝不能让人民白白流血，哪怕只是一滴。"

听完弼时的话，刘晓的心里亮堂多了。他紧紧握住任弼时的手，激动地说："非常感激你，你使我学会了很多东西。"

（李　博）

纠正错案
——任弼时与陈郁

1938年春,党中央派任弼时到莫斯科接替王明任中共代表团负责人。任弼时到职后,便对王明任职期间遗留下来的一系列问题进行认真严肃的清理。

一天,任弼时的秘书师哲在清理王明、康生留下的文件时,发现了陈郁的8次申诉信,以及王明给予他的"最严重警告处分"决定等材料。当时,师哲十分惊讶。

陈郁对我党同志来说并不陌生,他是我党早期重要的革命活动家,于1925年加入中国共产党,先后任中共广东省委常委,职工委员会书记,中共香港市委书记兼香港海员工会主席,参加领导过省港大罢工、广州起义,并为恢复广东地区党和工会的组织,开展地下斗争做了大量工作。1930年9月在中共六届三中全会上被增补为中央委员。1931年1月,在中共六届四中全会上被补选为中共政治局委员。后因反对王明"左"倾冒险主义,于同年6月被送往苏联学习。

在苏期间,他继续受到王明、康生等人打击。1934年,王明利用苏联清党的机会,把陈郁打成"右派",并送往斯大林格勒拖拉机工厂劳动。从此,陈郁改名"彼得"。1935年,陈郁一再上书中共驻共产国际代表团,提出申诉,均被王明扣压,不予理睬。1937年,抗日战争爆发后,陈郁再次上书共产国际,要求"回国抗日,效命沙场",字里行间,诚挚恳切地道出了对祖国的怀念和回国的渴望,表达了对民族危难的忧虑和归国参加抗战的决心。但仍未被王明等人理睬。

1937年11月底王明回国时,对于被他惩罚的人的情况,没有向共产国际做任何交代,直到师哲清理出这些档案后,才知道斯大林格勒拖拉机厂工人"彼得"原来就是中共中央委员陈郁。

任弼时听了师哲的汇报后，十分重视此事，亲自审阅了对陈郁的处分决定，认为理由站不住脚，随即向共产国际东方部干部处做了汇报。干部处处长马尔特洛维夫也感到异常惊讶，便把此事报告给国际东方部部长。部长在听完情况后，十分生气地说："这是多么令人难以理解的事，他们处理了一位中央委员，自己回国去了，却撇下同志不管，似乎对他的存在都忘记了，对于他恳切要求回国参战的请求都不予理睬，这是不能容忍的。"东方部部长和任弼时商议决定，立即把陈郁召到莫斯科问明情况。

陈郁接到中共代表团的通知，见是任弼时署名，知道王明已经回国，高兴极了，连夜乘车赶到莫斯科。

陈郁带着两手老茧和满身油污走进共产国际中共代表团办公室。任弼时快步走向前去，一把握住陈郁的手，抱歉地说："真对不起！陈郁同志，关于你的不幸遭遇，我知道的太晚了。"

一席话，说得陈郁不禁热泪盈眶，他向任弼时倾诉了自己近10年来的曲折遭遇。任弼时高兴地告诉他："你的问题很快就能解决，现在国内形势与你出国时大不相同了，我们党在毛泽东同志领导下，取得了很大胜利。现在党领导的根据地比过去大多了，军队也强大得多了。"陈郁听了十分高兴，要求马上回国参加战斗。由于办理手续还需要一定的时间，所以，任弼时让陈郁暂时回到斯大林格勒拖拉机厂去，等待共产国际监察委员会的批复。

陈郁对任弼时十分信任，他服从任弼时的决定，立即返回工厂。他向厂领导、车间主任以及工友们汇报了莫斯科之行的经过。工厂领导和工友们都为他感到高兴，车间主任还特地为他举行了庆祝宴会。

不久，周恩来到苏治伤。任弼时又将此事向他做了汇报。周恩来对此事十分重视，他和任弼时一起到共产国际监察委员会商议解决陈郁问题。

共产国际监委在研究陈郁的全部材料后，做出了取消1933年给陈郁的"最严重警告"处分，恢复组织关系，请中共代表团送其回国工作等决定。

1940年2月，陈郁随同周恩来、任弼时一起返回祖国，到达延安。

"如若不是弼时，我恐怕早就死在异国的土地上了。"在此后几十年的漫长岁月里，陈郁每当向人们谈起这件往事时，都禁不住潸然泪下，他多次对亲友们讲过:"怪不得很多同志都称弼时同志是'党内的妈妈',我认为,对于这个光荣的称号,他是当之无愧的。"

(力 砚)

革命的良师
——刘俊秀的回忆

一

1933年6月的一天上午,弼时带着警卫员来到永新县工农苏维埃政府看墙报。在这一期墙报上我写了一首诗:

> 忠实勇敢不怕死,
> 土豪劣绅不放过。
> 阶级斗争要深入,
> 贫苦农民信得过。
> ……

弼时看了以后,便问县工农检查部的部长:"刘俊秀是什么人?"
"是内务部长!"
"什么成分?"
"长工出身!"
"长工能写出这样的诗歌来!"弼时同志思忖片刻,又说:"你把他叫来,我要见见他!"
那时,我正在内务部看文件,听说任弼时要见我,觉得奇怪:"弼时同志刚来不久,怎么就知道我的名字呢?而且又派人来叫我到他那里去……"

时间由不得我多想，我忙把文件往屉子里一锁，匆匆地跟着工农部长去了。

弼时见我来了，站起来与我亲切握手，招呼我坐下。因为是第一次见到弼时，开始多少有些拘束。我仔细看了看他，啊，这位在心里敬慕多年的任弼时，清癯的脸庞，上唇还留着一抹浓浓的胡子，显得比较出老；高高的眉骨，端正的鼻梁，矍铄的眼睛，聚集着深沉和智慧，抿着的嘴唇，露出一丝可亲的笑意。他身着一件蓝布列宁装，举止潇洒大方，具有一位政治家的风度。

弼时把烟斗从嘴里拔出来，问："你就叫刘俊秀吗？"

"是！"我回答着。

"家里什么成分？"

"世代打长工！"

"今年多大啦？"

"29岁！"

"你也是1904年生的！那与我同年。"弼时高兴地笑了笑，又问："读过书吗？"

"因为家里穷，12岁还不知道扁担放在地上是个'一'字。后来母亲见我求学心切，横下一条心，把我送到本村一个私塾先生那里，以一天砍一担柴送给先生读一天书为条件，砍了45担柴，读了45天的冬学就退学了！"

"我看了你墙报上写的那一首诗，是你自己写的吗？"

"是的！"我点了点头。

"你没有读什么书，怎么又能写这么好的诗呢？"弼时同志把双手一合，诧异地问。

我说："那是参加革命以后学到的。因为要做宣传，出墙报，我也就经常写几句诗不像诗的东西贴出去。一次，列宁小学一个教员找到我，说我的诗不押韵，当时，我还根本不知道押韵是什么意思，这位教员就教我一些写诗的基本知识和押韵方法。这样一来，提高了我的兴趣，便经常跑到列宁小学去向他请教。"

弼时听完我这段叙述以后，点了点头，说："唔——一个长工能写出这样的诗来是很不错的，以后你还要继续努力学习，因为革命道路还很长，很艰巨，还有很多工作在等待着我们去做，不加强学习是挑不起重担的。"

弼时的话，虽然不长，却似涓涓暖流注入我的心田，给我很大的鞭策和鼓舞。从此以后，我工作、学习更积极了，多次被评为"扩红模范"，并出席了县、省工农兵代表大会。

1933年年底，我又被选为第二次全国工农兵代表大会代表。在即将离开湘赣边区，到中央所在地瑞金参加会议的前夕，弼时派人来把我叫去，问："你开完会议后，愿不愿意留在中央苏区马克思共产主义大学读书？"

我一听说是读书，又是大学，高兴得连眉毛都笑了起来。想我小时候，看到有钱人家的孩子上学读书，心里就发痒，但只能隔着窗子向学塾里张望。现在，组织上要我留在瑞金读书，哪有不去之理！我忙回答说："可以！"

弼时听后，对我说："你是一个工农干部，有丰富的实际工作经验，但是缺乏文化理论知识，这就必须要加强学习。只有这样，才能提高思想水平和认识能力，使自己在实际工作中做出更大的成绩。"

这些理论与实践的辩证关系，当时我还不完全听得懂。但是，我从实际工作中深深体会到，学习文化对提高工作能力有很大关系。我激动而又诧异地问："我是一个长工，大学会收留我吗？"

弼时说："为了培养一批地方工作干部，中央决定从这一次工农兵代表大会代表中选一批人进马克思共产主义大学读书。我给李维汉同志写一封信，你带去找他！"说完，弼时便打开桌上的墨盒，提起毛笔就写了起来。我记得写的大意是：刘俊秀同志是永新县政府内务部长，中共党员，长工出身，多年的扩红模范，这次又选为第二次全国工农兵代表大会代表。他虽然没有文化，但由于自己刻苦好学，现在还能够写诗歌，特推荐他到马克思共产主义大学学习，请你接收下来。

弼时将这封信写好以后，交给我说："李维汉同志是中央组织局的局长，你可以拿这封信去找到他。进学校以后，一定要努力读书，准备以后挑更重要的担子，做更多的工作啊！"

在瑞金开会的日日夜夜，是令人难忘的。会议结束以后，我拿着弼时的信，到组织局找李维汉。因为李维汉不在，毛泽覃接待了我。毛泽覃看完信后，握着我的手说："欢迎你啊！弼时同志在你们那里好吗？"

我连连点头说："很好！很好！弼时同志一去，工作局面就打开了。"接着，我把湘赣边区的情况作了简单的汇报。

毛泽覃听完以后，又点了点头，说："好，从弼时同志信中介绍的情况看，你是一个肯学习的同志，就编在高级班学习吧！"

就这样，我开始过起学校生活了。由于我文化基础很差，不但上课记不下笔记，而且有很多名词都听不懂，感到学习压力很大。这时，我想起了临别时弼时讲的"你们工农干部要加强学习"的话，浑身又来了劲，决心用加倍的时间来学习。上课记不下来笔记，就专心听讲，下课以后利用中午和晚上的时间，借别人的笔记来抄。通过这次在马克思共产主义大学读书，我的视野更远了，胸怀更开阔了。

本来是8个月的学习时间，由于第五次反"围剿"节节失利，战火已燃烧到瑞金附近，蒋介石的飞机也经常飞到瑞金来轰炸，形势非常严重。根据当时各地需要干部的情况，经李维汉亲自考核，我和一些同志提前毕业了。

二

我们几个人，带着毛泽东同志的殷切期望和对斗争的向往，离开瑞金后，便向湘赣边区飞奔。但走到半路时，得悉湘赣边区已被敌人占领，弼时已率领红6军团开始西征。我们几个人便绕道湖南，追到桂东，才算赶上了部队，又见到了弼时。

弼时紧紧握着我的手，亲切地问："刘俊秀同志，大学毕业了。你怎么找到这里来啦？"

我忙从袋里掏出介绍信，递给弼时说，"我们在路上听说你们往湖南这边来了，改道追来的！"

弼时看了看介绍信，说："这次学习收获不小吧？"

我点了点头，说："的确学到了很多以前不懂的东西。"接着，我又把在瑞金见到毛泽东主席、朱德总司令、周恩来总政委的情况简单作了汇报，说："现在请求组织分配我的工作！"

弼时听后，敲了敲烟斗灰，语调沉重地说："俊秀，湘赣边区已经让敌人占领了，回不去了！"

这个情况我在路上就知道了。我之所以要追到这里来，就是要随部队西征，于是，我说："让我留在部队，参加红军，干什么工作都行！"

弼时欣慰地笑了笑，说："好哇！你有丰富的苏区群众工作经验，又是'扩红模范'，这次又在马克思共产主义大学读了书。我们部队正需要你这样的工农干部，就留在我们部队吧！"

我听了以后真高兴，心想：从今天开始，我就是一名光荣的红军战士了。弼时考虑我长期以来做地方群众工作，分配我在红6军团政治部任地方工作部部长。

部队在桂东只停了一天，又继续向西挺进。蒋介石为了阻止红6军团西征与红2军团会合，调遣大量军队对我军进行阻截、尾追，派飞机狂轰滥炸。红6军团在任弼时、王震、萧克的率领下，运用毛泽东的"运动战"战术，甩开强敌，打其虚弱，以迅雷不及掩耳之势，穿过湖南南部，插过广西北部，进入了贵州东部。由于一路行军、打仗，风餐露宿，卧月眠霜，身子本来就很瘦削的弼时，两腮凹下去更厉害了，胡子又长又密，一眼看上去仿佛有50多岁，只有那对平时显得严峻、多思的眼睛仍然炯炯有神。但进入贵州的时候，他终于发起高烧来了。

一天，部队到达贵州石阡地区，突然遭到敌人的四面伏击。王震、萧克等，一面指挥部队进行反击，一面组织部队进行突围。因我当时任地方工作部长，要把群众工作做在前面，所以我又参加了前卫团。为了打开缺口，让大部队突围，前卫团选择了一个敌人布防比较薄弱的地方，猛冲猛打，在敌群中杀开了一条血路。当时，弼时躺在担架上还指挥我们作战，关心着部队的存亡、战士们的安全。

1935年3月，遵义会议的喜讯传到了湘鄂川黔根据地，顿时，全军上下军威大振，大家都高兴地说："毛主席回到了党中央领导地位，红军有救了。"弼时运用毛泽东的军事思想和战略战术，打败了湘、鄂两省敌人多次的进攻。为了巩固和扩大革命根据地，决定开展土地革命。

一天，弼时把我找去，说："为了使根据地向西发展，决定组织一个工作团，前往永（顺）沅（陵）交界的枢纽地带石堤溪区，准备成立永沅中心县委。考虑你做群众工作多年，由你担任工作团的主任兼永沅中心县委书记，行吗？"

我了解弼时，一件事情往往经过深思熟虑后才说出来。但是说话的时候，总是带着商量的口气，平易近人，和蔼亲切。于是，我满口答应："服从组织分配！"

弼时又对我说："这是一个新开辟的地区，情况很复杂，群众基础也很差。你不是在马克思主义大学听过毛主席关于《苏维埃建设》的讲课吗？按毛主席的指示办！要让苏区的经验在这里扎根！"弼时说到这里，又告诉我，夏曦被派到工作团当团员，要我帮助他，教育他，让他在实际工作中改造自己（夏曦同志在长征途中光荣牺牲）。

我带领工作团到达石堤溪区以后，一面开展游击战争，一面发动农民打土豪，分田地，开展土地革命运动。不久，就建立了永沅中心县委。但原来由土匪改编过来的独立营、游击队，因为没有经过彻底的改造，在永顺县城被敌人攻下以后，绝大多数人叛变了。我也不幸被捕。

敌人押着我从龙枣关的高山顶上往下走的时候，说是要挖我的眼睛，割我的耳朵，一刀一刀捅死我。这时，我想起了弼时两次被捕入狱，与敌人作斗争的事迹；想起了在马克思共产主义大学读书时，一位首长讲的话，"跑马最要当心转弯，到了紧急关头，要经得起考验"；想起了弼时"让苏区的经验在这里扎根"的嘱咐。我脑子里倏地清醒起来。我想："组织交给我的任务还没有完成，怎么能让敌人白白杀死？要和敌人拼！"当敌人押着我走上左边是高山陡壁，右边是万丈深渊，又窄又险只能走一个人的小路时，我用手猛地一推，一个敌人便滚进了深壑，随后我撒腿猛跑。另外3个敌人见了，先是受惊若呆，接着嗷嗷乱叫放枪。我借着山道崎岖，林深竹密，一口气跑了10多里路，才甩开了敌人。

这时天正下着大雪。我的棉衣早被无耻的敌人剥去了，只穿着单衣和单裤，冷得浑身发抖。后来一位好心的农民给了我一件破棉袄，一顶破斗笠，我才穿过敌人的封锁线，回到省委机关的所在地塔卧。

弼时开始见到我那种模样，还不知道是谁。我便说："弼时同志，我是刘俊秀呀！"弼时一听，忙放下烟斗，走过来紧紧抱住我，声音都仿佛有些颤抖："俊秀呀，你还活着。我以为你牺牲了。我们还派了一个连去找你的尸体哩！"

他摸摸我的手，见冻得已经发紫，马上将我按在火盆边烤火，见吃饭时间还没有到，马上要陈琮英打开自己生病吃的牛奶罐头，捧到我面前，要我赶快吃，见我身上穿的还是破烂衣服，又马上把自己的大衣给我披上，并要警卫员把供给部长叫来。

我见弼时把我看得比亲人还要亲，心里无限感激。我一边喝着牛奶罐头，一边深深自责："刘俊秀啊，刘俊秀！你过去是一个谁也看不起的长工，是党和毛主席把你引上革命道路。今天，你到底为党做了多少工作呢？怎么能经受得住首长如此深切的关怀和爱抚啊……"

不一会儿，余秋里带着供给部长来了。弼时说："给刘俊秀同志领一套新的棉衣和两套单衣吧！"

供给部长说："他个子这么大，没有合适的衣服。"

余秋里说："马上要裁缝赶做一套。"

不一会儿，裁缝来给我量了尺码。首长越是关怀，我越是感到惭愧。我以检讨的口气，向弼时汇报了工作经过和这次从敌人屠刀下逃跑出来的情况后，说："我没有做好工作，请首长批评吧！"

弼时说："你的工作做得不错嘛！这次开辟新的地区工作，受到了一点挫折，也是多方面的原因造成的。今后认真总结总结经验就是了。"

在我离开弼时家的时候，他又反复叮嘱说："你好好休息几天，养养身体，准备接受新的任务。"

几天以后，弼时又来看望我。他一进门，就问："现在身体怎么样啦？"

我一听，估计有新的任务，忙把胸脯一挺，说："好啦！有任务吗？"

弼时说："既然好了，就要分配你一项新的任务。"

"什么任务？"这几天，也真叫我闲得难受，我就想找点工作干干，现在一听又有新的任务，我眼睛都放亮了许多。

"派你到龙家寨去担任郭亮中心县委书记兼组织部长，开展土地革命，扩红、筹粮、筹款！"弼时还告诉我，郭亮是湖南农民运动领袖之一，大革命失败以后，光荣牺牲了。当地人民为了纪念郭亮，把这个县取名为郭亮县。

我接受任务以后，当天就出发到龙家寨去了。

三

由于任弼时坚决执行了党中央的革命路线，把中央苏区的经验带给了红2军团，不仅创立了湘鄂川黔根据地，而且由2、6军团由会师时的9000人发展到近3万人，壮大了红军队伍。在第一方面军胜利到达陕北后，红2、6军团组成第二方面军，在任弼时、贺龙、关向应、王震、肖克等率领下，于1935年11月19日从桑植刘家坪出发，开始了万里长征。一路上，经湖南、贵州、云南，于1936年7月到达西康的甘孜，与第四方面军会师。

这时，张国焘已公开成立了"第二中央"，自封为主席。二、四方面军会师后，任弼时、贺龙等同志对张国焘分裂中央、分裂红军的阴谋作了坚决的斗争。张国焘妄图从组织上迫使二方面军同意他的错误路线，提出要召开两军联席会议。任弼时等同志当即警告张国焘说："红二方面军全体指战员对党中央和毛主席有最高的信仰。二方面军干部从来不盲目服从。你如果要强迫他们反党，那他们就会要翻脸，他们是不认识你的。"紧跟张国焘的红四方面军总政委陈昌浩对红二方面军进行威胁和攻击，贺龙、关向应、王震、萧克等当即将其轰了出去，挫败了张国焘的阴谋。

为了教育和启发第四方面军广大指战员与张国焘另立中央的错误行为作斗争，争取同时北上抗日，弼时同志在第四方面军官兵中做了关于目前形势的讲话，并日夜奔走在一些中、上层军官之中，做耐心的循循善诱工作。

一天，弼时把我叫到他的帐篷里说："分配你一个新的任务！"

我一听到是"新任务"，浑身都是劲。马上回答说："服从组织分配！"

弼时深深吸了一口烟，严峻而又亲切地对我说："要你离开我们第二方面军，到第四方面军去工作！"

我一听说要我离开第二方面军，有些舍不得。这些年来，我一直在弼时身边工作，现在一下要我离开二方面军，离开红6军团，离开敬爱的首长弼时，心里确实有些依依不舍。

弼时像看出了我的心思似的，语重心长地说："到第四方面军去也同样是干革命工作，而且是更重要的工作，更艰巨的工作！"

我听了以后，深深懂得首长的意思。那时，虽然会师没几天，但也了解到张国焘的一些反党行径。这次，二、四方面军会师，我们红6军团先头部队一到达甘孜，陈昌浩就向6军团发下了攻击毛泽东、攻击党中央的小册子，结果被王震等全部烧掉了。弼时听后说："烧得对！"现在，弼时同志派我到第四方面军去工作，对我如此信任，把这个十分重要的工作交给我，我还有什么理由推却呢？

弼时见我愉快地接受了任务，又说："你们这次去的同志一共有4个，由你担任组长。到第四方面军去以后，不要忘记毛主席的教导和苏区工作的优良传统！"

第二天，我就与另外三个同志到第四方面军去报到了。因我原在6军团是地方工作部部长，所以，张国焘也就给了我一个政权科科长的职务。

我刚一上任，张国焘就派人给我们四个人送来了《干部必读》第2期。我翻开一看，上面刊登的都是一些攻击党中央、毛泽东的乌七八糟的文章，我抑制不住内心的愤懑，把这份《干部必读》撕了个粉碎，烧成灰烬。

过了几天，我又听到一个既使人气愤又使人振奋的情况。张国焘强迫朱总司令承认他的"中央"，朱总司令回答说："我们在井冈山就在一起，朱毛朱毛，没有毛泽东也就没有我朱德。你要我反对毛泽东除非把我劈成两半！"第二方面军来了以后，朱总司令见到弼时说："你们来了，我的腰杆子也就算硬起来了。"弼时回答说："我们第二方面军听你指挥！"我感到自己在第四方面军里并不孤立，有朱德总司令、刘伯承同志和四方面军广大干部战士的支持和撑腰，我的胆子更壮了，在工作中根本不理张国焘那一套，还是按照我在湘赣边区的那套办法做，在群众中宣传毛泽东的军事思想和军事路线，揭露张国焘分裂党中央、分裂红军的阴谋活动。因此，我被撤掉了科长职务。但是，张国焘对我的打击、迫害，动摇不了我对党的信仰。由于朱德和任弼时、贺龙、刘伯承等的坚决斗争，说服了第

四方面军的广大指战员，迫使张国焘不得不随第二方面军继续北上。记得，出腊子口以后在一个叫沟竹的地方宿营。因我的宿营地离二方面军的宿营地不远，便乘机找到了弼时。弼时一见到我，便关切地问我在第四方面军工作的情况，我便把烧毁张国焘发下的反党文件的事以及自己所想的都作了汇报。

　　弼时听后，说："你这样做得对！还要有思想准备，像这样的激烈斗争，将来还会继续下去。"

　　弼时还告诉我，在甘孜的时候，张国焘也曾向二方面军送来什么《国焘讲话》等一类反党小册子，恶毒攻击党中央北上抗日的英明决策，结果这些散发着机会主义反党臭气的东西，全被扣压下来，扔进了火堆。

　　吃饭的时候，弼时还给我宣传北上抗日的伟大意义，教育我任何时候都不能动摇北上抗日的信念。弼时知道我食量大，告别的时候又要陈琮英拿出一些足够吃两天的青稞面，要我带到行军路上去吃。

　　当我拿着青稞面离开弼时住地时，心里感到热乎乎。通过这次谈话，我更加认清了张国焘的反动本质，进一步增强了同张国焘反党路线作斗争的勇气。

　　经过3个多月的艰苦行军，红二、四方面军终于胜利到达甘肃地区，于1936年10月和一方面军在会宁会师。会师后不久，红四方面军主力西渡黄河，继而组成西路军，在河西地区与敌人进行了艰苦卓绝的搏斗，终因弹尽粮绝，导致失败，大部分指战员被俘、牺牲，只有少部分同志冲出重围。

　　我也是幸存者的一个，我该到哪里去呢？这时，我想起了在陕北的毛泽东，想起了弼时说的"你这样做得对"，"任何时候都不能动摇北上抗日的信念"的铮铮话语，决定去陕北找党中央。

　　于是，我踏上了去陕北的征途。经过3个来月的艰难跋涉，终于回到党的怀抱。

　　我在镇原县援西军司令部找到了弼时。弼时一看到我，就像见到久别重逢的亲人一样，亲切地询问我由青海回来的详细经过。弼时听完我的情况汇报后，向我介绍了当时全国人民抗日情绪高涨的新形势和红军改编等情况，并说："现在形势发展很快，变化也很大。为了一致抗日，结成最广泛的民族统一战线,我们又与国民党合作了。这段时间你都在外面,为了适应形势发展的需要,我介绍你到中央党校去学习。"说完,就拿起红蓝铅笔,给陈云写了一封信。信上说:刘俊秀同志经过3个月的艰苦斗争,终于回来了。因为从现在开始,政策有了改变,这对于他来说很需要学习。刘俊秀同志是一个优秀的工农干部,希望你介绍他到中央党校去学习。在党校学习结束后,我被分配到晋西北抗日根据地,开始了新的战斗。

(刘俊秀)

垂询与信任
——任弼时与袁任远

戎马倥偬,相交两年,袁任远说:"任弼时的遇事相商,虚心采纳意见的民主作风和处理问题时反复考虑的慎重态度,只要接触过他的人,便能有深切的体会。"

巧渡湘江

1934年8月,任弼时率领红6军团突围西征,消息震撼了湘桂两省军阀,湖南军阀何键急调刘建绪两个师追击;广西军阀调廖磊一个军向北部边界增兵。乘敌人的围堵部署尚未完成之机,6军团穿过汝城、资兴地区敌防线到达郴州,随后又过郴(州)宜(章)公路,绕过桂阳,占领新田。8月23日到达零陵地区蔡家埠一带,准备在冷水滩过湘江。

不料,敌人9个团已先期到达湘江左岸防堵,并强令全部船只全部停靠左岸。同时,我们察看水情,此处湘江水深流急,不能徒涉,而敌人追兵相距此地仅有半天的路程……

形势险恶！

任弼时镇静地抽着烟，脑子里紧张地分析敌我态势，意识到肩上担子之沉重，万把人的生死系于一念啊！必须迅速地作出正确无误的决断！

蓦地，他想到刚刚调到6军团政治部任副主任的袁任远。他记得袁任远3年前曾同邓小平、张云逸率领的红7军奉命从广西出发打长沙时，徒涉湘江。他们是从哪里涉水的呢？想到此，他马上命令身后的参谋："快，去把袁任远找来！"

不一会，袁任远跑步来到。任弼时问："3年前红7军从哪里徒涉湘江的？""广西全州。"袁任远回答，并补充说："那里水很浅！"

当机立断："放弃在此过江！"任弼时下了决心。

部队折向东南阳明山。因那里山区狭小，地瘠人稀，连部队粮食供给都很困难，不能作较长的休息。其间任弼时又向袁任远详细询问红7军转战到湘赣走过的道路，于是6军团南进到新田嘉禾，再转向西到宁远、道县，并在永安关打了一仗，遂进入广西，于9月4日在全县和兴安县之间的界首从从容容地渡过了湘江，甩掉了大股国民党追兵。

"你辛苦了"

1934年，红2、6军团攻克湖北大庸后，11月26日成立了中共湘鄂川黔省委、省革委和省军区。任弼时为省委书记，兼省军区政委，袁任远是省革委会委员。同时还成立了大庸地委和大庸军分区。因袁任远是慈利人，慈利与大庸接壤，袁对大庸的情况比较熟悉，遂调他到大庸任地委委员、军分区政委。

不久，因为在收编游杂武装问题上和个别领导意见不一致，袁任远被撤了职，心情很不舒畅，加上工作的劳累，多年未发的肺病又犯了。于是，袁任远便回到了塔卧，并向任弼时作了汇报。

大庸县也和湘西其他县一样，游杂武装很多，其成员大多数是破产农民、被"逼上梁山"者、退伍士兵及个别流氓。他们不仅反抗官府，抢劫财主，也骚扰百姓。对此，省委决定采取收编的办法解决。于是，成立了大庸游击支队，袁任远兼政委。

经过一系列的谈话、交代党的政策和各种渠道的工作，加上贺龙在湘西一带的威信，有 10 多股游杂武装约 1600 多人表示愿意参加红军。但其中大多数仍持观望态度，只有 400 多人带了武器集中到大庸县城接受收编。袁任远主张先把收编来的部队组成游击队，派各级干部去任副职，加强对他们的管理教育，待主力回来后，再逐步分散编入主力，这样便于吸引观望者同意收编。但个别领导则认为这是和游杂武装"和平相处"，是"严重的右倾"，为此一连批了袁任远 3 个晚上。袁任远怕被开除党籍，只好作了一个违心的检讨。

结果，由于强行将已集中的 400 多游杂武装编入主力红军，其他还在观望的游杂武装都不来了，甚至产生对立情绪，一些在地方工作的同志还受到他们的袭击。

任弼时查明了全部情况，对袁任远说："你辛苦了，休息几天以后再工作。"

一个星期以后，任弼时恢复了袁任远的工作，调他回省委任秘书长。

当即复电

1935 年 11 月，红 2、6 军团开始新的战略转移——长征。

出发前，刘士杰对省委的批评和撤销他的省革命委员会代主席的职务心怀不满，带着两个警卫员跑到赤白交界的双河口。当时，张启龙带领几个筹粮干部和省革委警卫连正在此地筹粮。但刘士杰所到之处，对筹到的粮食又不要，也不分给群众，带着部队一直往北走。到细沙坪时，张启龙已察觉到刘企图带领部队叛逃，于是，除叮嘱警卫连连长和徐指导员提高警惕外，他亲率 4 名干部回桑植向省委报告。这时，刘带部队继续往北走，沿途不敢住群众家，一直在野外露宿。刘的警卫员周智高与张连长已发觉刘士杰企图叛变。他们商量后，决定逮捕刘士杰，押送省委。他们得知省委已转移，又将刘士杰押送到茨岩塘，找到 18 师。

17 日，18 师将刘士杰一事电告省委。正好袁任远在场。任弼时问袁："怎么办好？"袁任远说："如在平时，还可以关押，等省委开会解决，现在部队已开始转移，无法开会，如万一疏忽，让刘跑掉了，那我们的损失就太大了。我看你决定好了,将来交省委追认。"

刘士杰临危叛逃,情节的确是很严重的。

任弼时考虑良久,接受了袁任远的意见,遂当即复电表示了自己的意见……

(李联群)

"党相信你"
——丁玲的回忆

我和弼时同志没在一块工作过,更没在一起打过仗,我们是文武两分的。但是,我是想他的,很怀念他。

弼时这位同志太容易接近了,没有一点儿首长架子。我碰到他是1936年在定边绍沟沿。那时,长征结束后,在定边进行自卫反击,打胡宗南,他和彭总一块在前方。彭德怀同志是前敌总指挥,他是政治委员,杨尚昆同志是政治部主任。我是跟杨尚昆同志一起上的前方,住在政治部宿营的那个村子里,弼时同志到这里来开会,我们就是在那个时候认识的。

开始见到弼时同志时,我有点儿怕他。他的样子蛮严肃,两个眼睛很有神,两撇短胡子,很有威风。可一接触他,他却显得非常平和,很容易接近。他和我谈起旧事,他是长沙明德中学的,我是长沙周南女中的,两校间只隔一条小巷子,两个学校在那时都是比较有名的。就这样,我们很随便地谈起来了。我过去习惯和搞写作的文人交谈,和红军首长谈话的机会很少,所以总是首长谈得多,我只注意听。对毛泽东主席我是尊重他,喜欢他的。他博学多才,待人谦虚,我同毛泽东在一块,就听毛泽东讲。和弼时同志在一起却不一样,他总喜欢问,而且根据你讲的一再提问。我本来比较单纯,也很少世故,不懂得在什么时候,什么地方,什么该讲,什么不该讲,在他面前更是什么顾虑都没有了,就把心里话都很坦然地倒了出来，他使你敢说，你也就什么都敢对他说。我想，这是他长期做群众工作所养成的好作风吧。他使群众对他感到可亲、可敬、可以信赖。我和他随便什么话都谈，当然，谈的不是打仗，而总是社会上人与人之间的一些事情。

还有一个很特殊的现象，我一直叫他"弼时"，这在当时红军里是很少的。那时同志们一般都叫他"任政委"。我初到根据地，不懂这些，似乎也不习惯这些。但我称呼毛主席，称呼周副主席，都很自然，也很亲切。后来，在延安文协工作，我常到洛甫那里开会，对洛甫还加个"同志"，可对弼时同志从来就叫名字——"弼时"，不称他职务，也没加"同志"。后来，我发现了这样不好，就对弼时同志说："我这个人太乌七八糟了，应该叫你'政委'或'弼时同志'。"他说："这有什么要紧，叫我名字有什么关系？"他这人就是这样，使人感到亲近，不计较这些。这是他的一种作风，他认为我们是同辈人，是平等的。这是一种很好的作风。

也许是杨尚昆告诉他，我的那匹马不好。我从保安出发，临行时后勤部门分给我一匹马，是首长交代的。我是个刚刚从白区大城市来的知识分子，从没骑过马，司务长分给我的马是一匹瘸马，我不敢骑，更不忍心骑。途中宿营，我到弼时那儿玩，只隔三四里路。我们一边走，一边聊天。到了马房，他说："丁玲，你选一匹吧，这两匹马都是我的，看你要哪一匹？"我说："随你给我一匹，我又不懂好坏。"于是，他就把驮行李的马给了我，因为这匹马比较老实，不欺生。后来行军，我和总部一块往南走。他的那两匹马习惯在一块儿，离不开。他那匹马走在前边，我那匹马就一定要赶上来。那时，前方的指挥员我都不认识，我觉得弼时同志容易接近，所以一路便跟着他。一路上，他教我骑马，讲马的习性，帮助我，照顾我。一到宿营地休息，他就坐下来看书，读列宁的《社会民主党在民主革命中的两种策略》。当时，同我们一起行军的还有一个从白区来的男青年，也是知识分子。我们从保安出来，都不懂得要带党的组织关系，所以，在前方没有参加组织生活，像做客一样。但是和同志们都很亲近。这样一直到了甘肃的一个县，我就同他们分开了。我说，我住在司令部里没事干，你们又很忙，我到下面去吧！他们就把我介绍到聂荣臻同志那里，又到贺老总那里。

后来，史沫特莱来了，总部把我叫回来，陪同她去延安，我在总部又待了几天。临走时，弼时同志说："丁玲，你把那匹马带回去吧！"说了好几次。我那时不懂得马的重要，心想，要马干什么？我说："我和史沫特莱一起坐汽车去，那马怎么带？"他说："你要的话，我就派人送去。"我说："太费事了，不要，不要。"后来，到了延安，长期生活在延安，常常下乡，我才知道马的重要。要下乡，要到工厂，动不动就得找总务科借马。这是一点小事，弼时实在是为我着想。他非常能体贴人，细致得很，对人非常负责。

当时，他和彭总在一起，工作很紧张，一到宿营地就挂地图、看电报，忙极了。可是，生活很艰苦，部队吃得很不好。他和彭总那里的伙食办得也不好，贺老总那里，比他们搞得好些。那时津贴很少，一个月他们每人5元钱。彭老总的钱由警卫员替他管。彭总有胃病，警卫员就给他弄点炒面糊，冬天有时买只鸡做给他吃。但彭总总要问，是不是从老百姓那里买来的？违反群众纪律没有？我跟着弼时走一路，没见过他的警卫员给他买鸡吃。他自己是不大花钱的。我陪史沫特莱回延安时，他还交给我5元钱，让我带给陈琮英同志。他对陈琮英特别好，陈琮英对他也很体贴。我曾听说，弼时同志被捕，她为了营救，冒着危险到处奔走。有一次，我和陈琮英一起住延安中央医院，弼时同志几乎每天中午都抽空来看她，很耐心地坐一会，轻言细语地谈一会儿才走。

大约1937年年底前后，我常带着西北战地服务团在前方工作。那时，常请朱老总和弼时同志来给我们团员讲课，讲抗战形势，讲马列主义。弼时同志是政治部主任，我常去向他汇报工作。有一次，我在演出费里报了点浮账，记不得是几元钱，有炭火费、钉子费等。他就问："你们不是有烤火费吗？为什么还领炭火费呢？"我说："当然有，那是在老百姓家里，办公用的，这炭火费是在露天舞台、后台用的，后台冷，演员化妆需要烤火。""你们演出，住室的炭火不就省下了嘛！"接着他又问："钉子干什么用？"我说："挂幕布。"他又说："钉子用过后不是可以拔下来带走嘛！"我说："钉在木头里可不好拔哩！"那时，八路军就是这样艰苦，这样节约。我们的演出费很少，在农村演一次，才花二三块钱，可弼时同志的工作作风那么细，那样严肃认真。

关于我的事，他没有不清楚的。1940年有人告诉我，康生在党校说：丁玲如果到党校来，我不要她，她在南京的那段历史有问题。这话是康生1938年说的，我1940年才知道。我就给中央组织部长陈云同志写信，让康生拿出证据来，怎么能随便说呢？我要求组织给我作个结论。因为我来延安时并没有审查过，组织上便委托弼时同志做这件事。弼时同志找我谈话，我一点也没感觉到他是在审查我。他叮叮当当地问我，他过去也是这样叮叮当当地问的。我们像聊天一样，谈得很仔细。后来，中央组织部对这段历史作了结论，陈云、李富春同志亲笔签名，结论做得很好，我非常感激。

1943年，我在党校学习时参加了审干，那时康生又搞什么"抢救失足者"，白区来的知识分子很少逃得过的，也把我"抢救"了一下，可没给我另外作结论。审干后，我挺忙，一直在乡下，写文章。1945年，日寇投降后，中央办公厅批准，我们延安组织文艺通讯团到东北去。离开延安前，我去看弼时和陈琮英。他俩留我多住几天，给我安排了一间客房，还找了张弹簧床。我说我没有这个福气，一夜没睡好。可他们自己睡的是硬板床。临走的时候，我跟弼时同志说，1940年陈云同志给我作了结论，可审干时又把我"抢救"了一下，没有给我甄别，这问题到底该怎么办？弼时同志说："你放心地走吧，到前方大胆工作吧！党相信你。不会有什么问题，我们都知道的。"他这样跟我讲了，那我就什么事情都不管啰，很放心啰。他向来讲话是负责任的。

我觉得我很愿意经常见着他，因为他总使你高兴、放心。在延安的时候，人家都说："丁玲怪得很，轻易不到杨家岭来的，就是来了，别的首长家不去，就到弼时家去。"那个时候，就是在别的首长家里开会，碰到要吃饭了，我就又到弼时家去了。陈琮英做湖南菜给我吃，大头菜蒸肉，在延安就是好吃的啦！

进北平以后，我还到香山去看了一次弼时同志和毛主席。新中国成立以后，我就不找他了。我不愿去打扰他们，因为他们太忙了。

弼时同志在北京逝世时，我去他家凭吊，我哭得很伤心。李伯钊劝我说："你哭得那么伤心，琮英又要哭了。"我觉得他对同志真是负责任，真是关怀。他的逝世，使我感到特别悲痛。

我一直想写他。让我讲他的事情，我讲不出多少，也许是旁人写文章不值得一提的小事，但是我对他有一种感情，所以，心里一直有这个愿望。

（丁 玲）

师生·同窗·战友
——任弼时与萧三

同是三湘子弟

任弼时孕育在汨罗江畔，萧三出生于涟水中游，同是三湘子弟。1917年第二学期，从一师毕业后在湘潭附近的"黄氏族学"任教的萧三，同长沙楚怡、明德等学校派出的一行7人到上海、苏州、无锡等学校学办童子军。不久，返回长沙。经王季范介绍，一师校长孔昭绶即聘萧三做了附属高小教员，教英语、音乐两科并兼办童子军。这时，年仅13岁的任弼时恰在一师附小读三年级，转年就要高小毕业了。在这里，他们以师生关系相识并相交了，尽管萧三长弼时8岁，但他们之间却有一种忘年之感。

萧三读书时就曾以自己的方式抵制封建主义的教育方式，不甘做考试的奴隶，当了教师就更推崇民主主义教育，不拿考试逼人，不搞突然袭击，不出怪题，多靠学生平时的成绩。学生轻轻松松地就学会了，考完了。萧三又是长沙城里童子军第7团团长。他办童子军，以"为社会服务"为口号，灵活运用旧规，教学生学习生存本领，如：目测、游泳，两根火柴点燃一堆火等。萧三更注重平时做好事，教学生认清人群及社会对自己的帮助和为社会服务是责任和义务，尤其主张要为劳苦人做好事。年轻教师颇受学生欢迎。

尤其是任弼时，从小受思想比较开明的父亲的影响，很关心国家大事，课余时间读书阅报，兴趣广泛，音乐、丹青样样上手，同时对封建的足不出户庭的封闭教育同萧三一样深恶痛绝，曾专门写作文进行抨击，因此，对萧三的教学非常适应。他从富有诗人气质的萧老师的课堂上不仅学得了知识，又汲取了具有时代气息的新思想。他是附小的好学生、萧三的好学生，他更是萧三的好童子军团员。萧三非常喜欢活泼又有思想的弼时，为了鼓励他，特意送给他一个墨盒作纪念，上面刻着"赠二南[①]贤弟"。

1918年4月，萧三成为"新民学会"的首批会员，不久即投入留法勤工俭学运动，北上京城进留法预备班。任弼时也于是年夏考取了长沙私立明德中学，离开了一师附小。

师生成为同窗

为振兴中华，1920年5月9日，萧三等130名留法勤工俭学学生乘坐法国邮轮从上海启程赴法。同年8月，年仅16岁的少年弼时中学尚未毕业，但为寻找"造成大福家世界"的道路，也牺牲了学业，作出了赴苏留学的抉择，由毛泽东等创办的俄罗斯研究会推荐到上海共产主义小组创办的外国语学社学习俄文和马克思主义理论。在上海，任弼时加入了社会主义青年团，成为我国最早的青年团员之一。1921年7月，经过近3个月的长途旅行，任弼时等抵达莫斯科，8月3日，正式搬入莫斯科东方劳动者共产主义大学学习，成为中国班的首批学员。

这时期，在法国的萧三，既是学生，又兼做新闻记者，写《我们一路怎样到的法兰西》，向国内报道旅途情况；写《遣回勤工俭学生之真相》，揭露中法反动派无理监禁、遣送104名中国留学生的丑行。1922年夏，萧三在巴黎参加了由赵世炎、周恩来、李维汉等领导的"旅欧中国少年共产党"的工作。秋，经胡志明同志介绍加入法国共产党，后转入中国共产党。

---

① 二南：任弼时的乳名。

这一阶段，任弼时在莫斯科东方大学开始了系统地学习马列主义理论，生活在世界第一个人民当家做主的国家里，一切都是那么新鲜有趣，那么富有吸引力。尽管物质生活颇艰苦，吃黑面包穿粗呢衣，但他的精神是亢奋的。他勤奋学习，并很快地掌握了俄语，不但可用俄语听课，还会用俄语做笔记。1922年年底，瞿秋白奉调回国，年仅18岁的弼时就接替他担任了中国班西方革命史的课堂翻译。同时，任弼时还和华林、王一飞轮流主持旅莫青年团的日常工作。12月7日，任弼时转为中共正式党员。

生活在"东大"的弼时，时时挂记着"萧老师"。1922年春，他曾专门写信给萧三，向他介绍俄国十月革命和他在"东大"学习的情况，并问萧三"有无意思前往苏俄一游"。萧三在柏林收到从巴黎转来的信，经过一番奔波，欲谋赴苏不成。直到年底，萧三才得以只身前往莫斯科，成为中国共产党旅欧支部早期转入莫斯科"东大"学习者之一。

在莫斯科，任、萧异国重逢，欣喜之情溢于言表。萧三先在"东大"法文班学习了一段时间，后转入中国班。在尔后的一年半里，萧三与弼时从五四运动前的师生变成了寻求革命真理的同窗学友。他们在一起学习、生活。

1923年，国内爆发了震惊中外的京汉铁路大罢工。二七惨案的消息很快传到"东大"，传到中国留学生中间。同学们无不义愤填膺，恨不得立时回国和反动军阀决一死战。喜爱文学的萧三按捺不住诗人的激情，与另一同学共同创作了剧本《二七罢工》。早在五四时期就走上街头宣传抵制日货、反对帝国主义、参加表演文明戏的任弼时，又在"东大"俱乐部的舞台上、在老布尔什维克疗养院里演出了这部话剧。

1924年1月，莫斯科一个极其寒冷的冬月。22日，列宁逝世的噩耗传来，"东大"中国班的学员也和全苏人民一样悲痛万分。不满20岁的任弼时捡拾起搁置数年的画笔，注满崇敬、爱戴与痛悼之情描摹领袖肖像，放在自修室和宿舍楼梯口。当日，萧三尚在莫斯科郊外的一个疗养所养病，闻讯后便顾不得自己的病体，冒着严寒赶回东大参加悼念活动，后来写了纪念长诗《列宁》。

最使他俩终生难忘的是他们有幸一同参加列宁葬仪活动中心的"荣誉护灵"。

列宁逝世后，为了满足人民对伟大导师沉痛哀悼之情，苏共中央决定将列宁遗体移至莫斯科工会大厦大厅，3月之内机关、厂矿、学校等各界人民瞻仰遗容，向列宁告别。由于任弼时的俄文学得好，与"东大"其他民族的同学相处即消除了语言障碍，关系很好，加之他曾担任中国班团支部执行委员，与"东大"党支部局的人也很熟悉。因此，他得到了一个可以随"东大"党支部局一起参加遗体告别仪式的机会，不用排队。这可真是在极悲痛中的一件安慰人的事。

任弼时得到信息时，已是深夜10点多钟了，他第一个想到的就是邀萧三一起去。那几日中国班大宿舍里的灯总是通宵不熄的。同学们谁也没有睡，谁也睡不着。萧三和衣而卧，陷入沉思。这时，任弼时从外面进来，径直奔向萧三床头，用手捅捅他，低声道："萧老师，起来看列宁去……"萧三高兴极了，蓦地起身，穿上军大衣，换上毡靴，随弼时下楼，会合到东大支部局队伍中，打着旗子走向工会大厦。

通往工会大厦的各条街道及广场上到处是等候向列宁告别的人。他们都是普通老百姓，有城市工人、居民，也有乡下来的农民；有分散的群众，也有各机关、厂矿、学校等有组织的队伍。人们有的散聚在广场上为御寒而燃起的堆堆篝火边，有的则站在长长的队列里。寒夜中，瞻仰的队伍像一条河，不见源头地流向灯火通明的圆柱大厅。人们为了最后看上一眼他们的领袖，不怕冻坏耳朵、冻麻手脚，有的人甚至要等候整天整夜才能轮到，就是"东大"支部局100多人的小队伍"不要排队"，也还等了一个多小时才获准进入大厅。

任弼时和萧三随着缓缓行进的队伍，几乎是下意识地移动着双脚，目不转睛地望着安卧在鲜花丛中的伟大导师，多么想稍稍停留片刻。然而，后面的人们也以同样的心情拥着前面的人。他俩不得不含泪离去。

沉重地步出大厅后，在走廊里，这支队伍荣幸地被指派代表东方民族参加"荣誉护灵"。这是葬仪中一种特殊荣誉性的任务。参加护灵的人分若干批，每批四人，每次5分钟，四人分别站在距列宁遗体周围大约六七米远的四角。任弼时和萧三刚好轮在同一批。萧三是第三个，位置是列宁的右脚方向；任弼时是第四个，位置是列宁的右肩方向。5分钟，只有5分钟，但又是多么珍贵的5分钟！他们激动的心情难以诉说。60多年后，萧三回忆起当时的情景还不无激动地说:"在短短的5分钟内,感想千千万万。我低着头,眼睛望着安详静睡的列宁,5分钟内没有眨一下眼。"是的,今天的人们的确无从得知他们想了些什么;然而,他们却用毕生的实践告知后人,他们无愧于东方民族的代表,他们接过了列宁的旗帜,并把它高高地擎起了。

这一年,中国国内形势也发生了巨大的变化,第一次国共合作开始后,迫切需要大批干部。为此,在"东大"学习的青年革命者,响应党的召唤陆续回国参加实际斗争。7月,任弼时代表中国社会主义青年团出席了青年共产国际第四次代表大会,不久即启程回国,萧三也随即奉调回国。

为人民解放事业共同奋斗

1924年秋,在上海,他们又见面了。中央决定派萧三去湖南长沙,担任中共湖南省委委员和社会主义青年团湖北省委书记。任弼时则先在上海地方团工作并在上海大学教俄文,随即参加团中央的领导工作,积极筹备青年团第三次代表大会。

1925年1月,中国社会主义青年团第三次全国代表大会在上海召开,任弼时被选为团中央执行委员,担任组织部主任。同年5月,因张太雷调广东而代理团中央总书记,7月正式担任中国共产主义青年团中央总书记。

萧三在长沙常写信给弼时。昔日的老师成了团省委书记,旧日的学生成为团中央总书记。在轰轰烈烈的五卅反帝运动和北伐革命中,他们并肩在同一条战线上,成为大革命时期中国青年运动的带头人。

1926年秋,萧三调任共青团中央组织部主任。不久,任弼时代表中国共产主义青年团出席青年共产国际第六次扩大会,再度赴莫。萧三则代理总书记,接替任弼时的工作,大约半年时间。这期间萧三常写信到莫斯科,向任弼时汇报国内情况。在上海工人三次武装起义中,萧三是为武装起义成立的中共特别委员会和工人起义总指挥部成员之一。

1927年4月,任弼时回国。这时,团中央已搬到武汉。不久,他们共同参加了中共"五大"。不料,萧三突然患病,病情日重。于是,中央决定送萧三去莫斯科疗养。当时，正值蒋介石叛变革命，发动"四·一二"反革命政变，大批屠杀共产党人和革命者不久，武汉也沉于白色恐怖前夜，形势非常危急。在任弼时和瞿秋白的精心安排下，萧三得以在汪精卫叛变前安全地从武汉到上海，乘船到海参崴……此去10余载，直到1938年他们才又在异国相见。

  1938年3月，任弼时第三次赴苏，担任中国驻共产国际代表团负责人。10月19日，当萧三再次到共产国际要求回国时，两个老战友第二次重逢于异邦，互诉别后的一切，激动兴奋之情可以想见。

  这时，任弼时才知道，原来那年萧三刚到海参崴准备赴莫时，便因为汪精卫集团在武汉发动了"七·一五"反革命政变，中苏绝交，因而进退不得，只好暂留海参崴疗养，并在远东大学任教，做华工教育工作。本打算疗养一段时间即回国，不幸又摔成脑震荡，遽成残废。此后，又到莫斯科疗养。1930年开始同苏联和旅苏外国著名作家交往，登上国际文坛。曾负责中国左翼作家联盟与苏联的通信联络工作，代表"左联"出席苏联第一次作家代表大会，并经中共组织批准，参加过苏联共产党，担任过两届苏联作协党委委员。其间，他还写过大量的诗歌、散文、小说及报告文学等向全世界介绍中国工农红军、土地革命及革命领导人。他的作品被译成俄、英、德、法、日等多种文字，在国际上产生了广泛的影响。抗战爆发后，萧三曾向共产国际提出回国参加工作，拖了一年多也没有回音。

  这次见面，萧三也从任弼时的叙述中得知，自"八七"会议后，任弼时即走上了中共中央的领导岗位，从上海白色恐怖下的秘密斗争到中华苏维埃共和国的建设，从敌人残害革命者的监狱到创建湘鄂川黔根据地，从艰苦卓绝的长征路到硝烟弥漫的山西抗战前线，他的足迹遍及大半个中国，他的战斗岗位涉于党、政、军。他担任过临时中央政治局委员、江苏省委常委兼宣传部长等。在白区，他两次被捕，机智坚强地与敌人斗智斗勇，最终在党的营救下战胜敌人。他还曾担任苏区中央局组织部长、湘赣苏区省委书记、湘鄂川黔省委书记兼省军区政委。他成为红二方面军创始人之一。抗战爆发后，他又担任国民革命军第十八集团军政治部主任、中革军委总政治部主任……今日的任弼时早已不是1917年时小小童子军团员了。

促膝长谈后，在任弼时的支持下，萧三想回国参加斗争的迫切愿望很快就实现了。1939年3月6日深夜，萧三离开莫斯科回国。一年之后，任弼时也从共产国际返回延安。

在延安，萧三先后担任鲁迅艺术文学院编译部主任、陕甘宁边区和延安文协常委、文化俱乐部主任、中共中央宣传部文委委员等职。任弼时担任党中央秘书长，协助毛泽东处理日常事务。1943年3月，中共中央调整机构，由毛泽东、刘少奇、任弼时3人组成书记处，任弼时成为中央核心领导成员之一。

这年，为庆祝毛泽东50岁生日，任弼时要萧三写一部《毛泽东传》。后来，因为毛泽东坚决不肯做寿，萧三的书也只写成片断。但从此以后，每逢毛泽东和萧三谈话，萧三还是记下些内容，逐渐地，萧三收集了不少毛泽东讲的自己的故事。就这样，萧三写出了《毛泽东的青少年时代》等书。

1950年10月27日，任弼时不幸病逝。白发苍苍的萧三悲痛地赶到劳动人民文化宫，向学生、同窗及战友作最后的告别。

（钱溪垾）

使每个同志都感到组织上的温暖关切
——任弼时与蹇先任

长征结束，到达陕北，蹇先任患咯血症，后又患肠胃炎，身体瘦弱不堪，组织上决定送她到苏联治病和学习。

1938年初冬，经长途跋涉，蹇先任到了莫斯科。当时，任弼时是中共驻共产国际负责人，他马上派人把蹇先任接到他的住处"留克斯"旅馆。

"留克斯"是一所公寓式的旅馆，当时是共产国际宿舍，任弼时和夫人陈琮英就住在那里。任弼时原是红二方面军政治委员，长征时蹇先任曾和任弼时及陈琮英等在一起，都是老同志、老战友，因此，在异国重逢，更感到亲切万分。随后，任弼时即安排蹇先任住到共产国际专门为中国同志办的一所党校去，先治病，然后再学习。

这一时期，任弼时在共产国际的工作十分艰巨而繁忙。他忙于出席共产国际执委会的会议，向共产国际及各国共产党人宣传以毛泽东为代表的中国共产党在抗日战争中的基本路线、方针和政策，详细介绍抗日根据地建立和八路军发展壮大的情况。同时，他也时时关注着在莫斯科学习和休养的同志。他总是那样细致，使每个同志都感受到组织上的温暖关切。

苏联的保密制度极其严格。任弼时叮嘱蹇先任不要在街上随便对人点头微笑，不要随便碰别人的皮包和桌上的文件材料，避免招惹麻烦。

在莫斯科休养的中国同志衣食住行都由党校负责。刚到学校，公家发给蹇先任一双高跟鞋。从来都穿平底鞋的蹇先任穿不惯，爬雪山草地的脚穿高跟鞋实在难受，可谓寸步难行。于是，她自作主张，请人把后跟切去一截，满以为一定舒服些，不料，穿在脚上，鞋尖往上翘，每走一步硌一下脚心，很不得劲。

这本是一件极不起眼的小事。一次，任弼时来党校看望大家，一眼就发现了问题。什么话也没问，马上从刚拿到的稿费中取出100卢布交给蹇先任，一定让她去定做一双平底鞋穿。

蹇先任有个同学叫李李，是个年纪很轻的女同志。一次，因为教员讲课听不懂，翻译也译不清楚，她心里着急，在班长发讲义时就说了一句："我不上课了！"这件事让管学习的金维映知道了，就批评她，说她身居党校，拒绝看党的文件，拒绝上党课，这就是反党。一时间，气氛很紧张，事情立即反映到共产国际代表团。任弼时敏锐地洞察了事实真相，批评了"左"的错误，制止了事态的发展。

几十年过去了，当满头银发的蹇先任回忆起那一段生活经历时，总免不了要说："弼时同志是我党极为可亲可敬的领导人之一。他一贯从政治上到生活上关心同志。他从不轻信自己党内的干部是什么'潜伏特务'和'反党分子'，为此，做过不少解释工作。"党校发生的所谓"反党"事件，若不是弼时，"在当时苏联正在肃反的特定环境中，那件事说不定会有可悲的后果"，"随着时间的流逝，我越来越想回国……当我党驻共产国

际代表弼时回国后，我们的这种思归的情绪连谈也无处可谈了"。

（徐亦农）

几次调动
——任弼时与刘道生

1933年，任弼时担任湘赣省委书记兼军区政委时，刘道生正在少共省委（即共青团省委）工作。6月间，按照军委命令，红8军改编为红6军团17师，萧克任师长，蔡会文任政委。任弼时考虑到前方需要干部，有意让刘道生去部队做青年部长。先由萧克向刘道生通报了消息，刘非常高兴，正觉得后方没什么事可做，想去部队呢！接着任弼时又亲自找他谈话，并商量说："我把这个意见告诉蔡会文吧！"这样刘道生就离开青年团到了部队。后来，又到中央红军大学学习。以后又分在中央苏区粤赣军区独立22师当政治部主任，没再回湘赣苏区。直到三大主力会合前夕，刘道生才见到了任弼时。

此时，刘道生又被调到共青团中央工作，任组织部长。这时，二方面军正向一方面军靠拢。东北军的工作也做得差不多了，团中央工作不忙时，刘道生也去做东北军的工作。当时，毛泽东决心要把东北军、西北军争取过来一同抗日。一天，毛泽东专门派人把张浩、聂洪钧、刘道生三人找去谈话，决定派他们三人到二方面军去通报形势及协助二方面军做争取东北军的工作，并让他们三人到周恩来处详谈工作。最后，周恩来写了一封亲笔信，嘱咐刘道生亲自交给任弼时等。从周恩来处出来，第二天刘道生他们便出发了。

走了五六天才到二方面军司令部。任弼时一见刘道生来了，非常高兴。当晚，他们就住在任弼时睡的大炕上，刘道生紧挨着他，一直谈到深夜。任弼时特别向刘道生询问了毛泽东和周恩来的情况以及陕北苏区和中央红军长征的情况。刘道生见到老首长还和当年一样，也很兴奋，把知道的情况一五一十地做了详细汇报。任弼时看到周恩来的亲笔信，并了解到毛泽东对二方面军说服张国焘北上所起的作用的评价，也很高兴。

刘道生他们原计划是来协助二方面军做附近东北军工作的。可没过两三天，就发生了"西安事变"。事变解决后，张浩就回陕北了，任弼时对刘道生说："你去归队吧！"那天，刚好王震来了，见到刘道生便说："你这个青年部长又归队啦，回我们6军团吧！"任弼时笑了笑。当时，桌上有碗炒辣椒，王震用手抓来吃，借此，任弼时一语双关地开玩笑说："王震同志就是手长。"说着，又转回头对刘道生说："好，归队，到政治部去，张子意去学习。"就这样，刘道生又回到6军团，到政治部代理主任。

1937年"七七事变"后，大约是10月底，当时，刘道生在禹县工作。有一天，任弼时又把刘道生找来，再一次调动他的工作。任弼时同他分析抗战形势，说明日本侵略军企图大举进攻华北的危机，指明我们的战略方针，要创建根据地。任弼时说：准备建立晋察冀根据地并成立几个分区，决定派刘道生去当4分区政委。又说："还给你调一个比较年轻、资格老一点的同志，他叫周建平，是115师的一个旅长，资格很老，他当司令，你当政委。你们管辖的地区，从河北新乐、正定、石家庄到太原，这些区要你们负责。"刘道生一听，很高兴，说："政委的意见、决定就是命令呀！"当时，朱德也在旁边，对刘道生说："好！你这个青年，有朝气，我们了解你，你可以担负这个责任。任政委交代的怎么做，你们就怎么做吧！"

这一去就是12年，直到1949年在香山饭店刘道生才又见到任弼时，那时就看到他身体不太好，临别还祝他健康，保重身体。之后，刘道生又随军南下。到了湖北，一天，林彪、罗荣桓让刘道生去他们那里一趟，说有事情谈。原来中央有一个意见，特别是任弼时提议要让刘道生做青年团中央的工作，征求刘道生的意见。只是这次刘道生为解放战争的胜利推进所鼓舞，说："我还是愿意把战争打到底！"

1960年，刘道生调任海军副政委兼政治部主任。他后来到北京时，却再也见不到任弼时同志了。

（韩　昕）

"你很合适,你行!"

——任弼时与刘亚球

1934年,任弼时在湘赣苏区任省委书记兼湘赣军区政治委员。当时,要组织一个独立团到井冈山,叫"红5团"。

一天,任弼时叫刘亚球到省委,对他说:"这里要组织一个红5团,张峰是团长,让你去当政委,张平化当政治部主任。"刘亚球一听,有点着急,他觉得自己虽是工人出身,在当时是有金字招牌,但没文化、水平不高,怕胜任不了,就说:"张峰是个军事干部,他当团长很好,我当政委就不及格,还是让张平化当政委吧!"任弼时笑了笑,说:"你很合适,你行!"又说:"张平化从泰和当县委书记撤回来,当政治部主任对你们上井冈山是有利的。他是于都人,搞粮食搞情报,可以给你们搞点补充嘛!"话来得很诚恳。这一片诚意,使刘亚球很感动,虽然自认没有多少能力,但也服从了。

不想,进了井冈山,总共才500多人,遇到重重困难:一是武器装备差,一支枪配两发子弹,一挺机枪才90发子弹,要是有个土匪,凭借碉堡顽抗,就很难歼灭;二是没粮食,带的3天粮食,却搞了半个多月,把干笋都吃光了;三是子弹没有补充。筑工事,没有锄头挖就用刺刀挑。就这样坚持了20多天。后来,敌人来了两个团,打了一天一晚,没有子弹把石头滚下去。最后,队伍垮了下来,损失了100多人,打了败仗。

刘亚球带着剩下的300多人回到省委,准备向任弼时和军区汇报。在当时,打了败仗是严重问题!先开了一个会,会上有人说应当杀头,气氛很紧张。刘亚球是个直率性格,他想:讲是空的,要枪毙就去,有什么办法呢!最后,他把情况给任弼时作了汇报。

不料,弼时把他们几个喊到一起,一见面就说:"亚球同志,辛苦了,打个败仗啊!"一句话便使气氛缓和了。接着,任弼时详细分析了打败仗的原因,他说:"一是敌强我弱,二比一;二是弹药也不多,粮食也缺乏。弹尽粮绝是个不利条件,这个问题你们要考虑考虑哟!"一句话就讲到了点子上,任弼时也没有讲什么要不要枪毙的话,就宣布散会,休息。

过了两天,任弼时又喊刘亚球到他那里,说:"带队伍整训一段,补充到17师某团去。你莫开小差哟,交了队伍,还要回来哟!"

仅仅是一句诙谐的话,多少年过去了,刘亚球一提起这事,总不禁要说:"任弼时对我是很有信心的,他信任同志;他说话诚恳、亲切、很有分寸。他对同志的亲切关怀和照顾,确是真心信得过你,这种感觉使我永生不忘。"

(徐亦农)

"保存下来嘛!"
——任弼时与陶汉章

陶汉章参加红军时还是一个孩子,一个15岁的中学生。可让陶汉章终生不忘的是,参军两三天,已经是省委书记的任弼时政委不但亲自来看他,还请他吃饭。

参加红军前,陶汉章曾在冯玉祥部队做过事,对此,任弼时并不怀疑他有什么问题。饭桌上,有同志问:"你怎么一个人到西北军去了?"陶汉章说:"冯玉祥反对蒋介石,我姑夫是老共产党员,我就跑到西北军去了,在吉鸿昌下面当参谋,打了一仗,回不了家了,逼上梁山。"任弼时便向他询问了一些北方党的情况。陶汉章虽然说得不那么详细,但尽其所知讲了起来。任弼时连声说:"很好,很好。"这给陶汉章很大鼓励。任弼时觉得陶汉章还是有点胆量的,从此,对这个学生兵格外看重些,就把他留在了2、6军团指挥部。

一次指挥部突围,贺龙不顾敌人密集的炮火,想骑马冲过去。这可急坏了陶汉章,马上前去制止,要带贺龙徒步走,以减小目标保证安全。不想，贺龙心急，执意要骑马冲过去。一个硬要拉下马，一个坚持不下马，僵持中，任弼时给陶汉章解了围，对贺龙说："老贺，汉章的意见是对的嘛，你下来跟他走吧！"贺龙这才下了马，让马走另一条路。冲出了口子，本该再快走几步，贺龙又不着急了，可危险还存在啊！陶汉章又催贺龙快走。不知贺龙是故意，还是真的怄气，对陶汉章说："你看，你这个孩子，我走不动嘛！"陶汉章真有点没办法了。这时，又是任弼时过来帮忙，说："你就快点走嘛，这里是打大炮的地方，汉章为你担心呢！"贺龙终于快步走出了危险区。陶汉章也着实松了一口气：若不是政委帮忙，这事还真难办！

后来，2、6军团在长征中顺利地渡过乌江，连克黔西、大定、毕节等县时，陶汉章正在教导营当营长。也正在那时，陶汉章得了一个"校长"的称呼。这还是任弼时给他叫起来的，以至于后来许多人弄不清陶汉章何时做过"校长"。其实陶汉章所在营是教导营，对外称为"随营学校"，并不是什么真正的学校。任弼时说过"陶汉章当了校长"后，陶汉章便得了此名。

2、6军团在黔、大、毕休整期间，敌军越来越多，万耀煌、樊嵩甫、郝梦龄、郭汝栋等4个纵队共7个师加1个旅，向毕节地区进犯。当时地方工作一时不能广泛深入开展，形势很紧张。任弼时整日忙于和贺龙等2、6军团其他首长研究对策，非常劳累，但他仍惦念着陶汉章。

一天，任弼时问郭鹏："怎么几天没见到陶汉章?"郭鹏差点笑出来："不是你让他当营长去了?"任弼时说："把他调回来。"郭鹏说："你调他回来做什么? 他营长当得很好嘛！"弼时说："保存下来嘛，这孩子有文化，脑子很好，以后有用嘛！"这就是任弼时的一贯想法。他对参加革命工作的知识分子都像对陶汉章一样格外关心，他深知文化人才对革命军队建设的重要。

（陆子明）

"好在弼时了解我"

——任弼时与江文

1934年，第五次反"围剿"中，敌人以6个师约4万多人的兵力，分成4路一齐向湘赣边区压来，妄图寻求决战，一举剿灭红18师。当敌人突破永新防线向城区发动进攻时，省委和军区紧急从城内撤离。事先没来得及通知位于城西三里地的无线电中队。当时，恰好队长阎知非理发去了，中队政委江文当机立断，带领大家撤收天线，带着电台和训练班的人向城北紧急撤退。急行约30公里，天已黄昏，就在象形地区宿营，一面与地方赤卫队配合加强侦察警戒，一面派人寻找军区，但当日未找到。第二天与队长一起带领电台向东北方向走了一天才找到军区，这才和领导机关会合。

撤出永新后，根据地已经很小了，方圆只有数十公里，环境极为艰苦。就是在这种情况下，保卫局仍然怀疑这个动摇，那个不可靠，弄得人心惶惶。当时，湘赣保卫局权力很大，大小单位都设有"耳目"，动不动就扣帽子。不知何时，特派员向保卫局报告，说江文动摇逃跑，于是，将其列入了"黑名单"。

任弼时得知此事后，当即表示不同意这样做。

任弼时对江文是了解的。1931年，任弼时到苏区中央局担任组织部长时就认识了江文。江文当时是秘书处的工作人员。那时没有电信设备，苏区中央局与在上海的党中央是通过地下交通来联系的。凡是地下党派来的同志，常常用药水将介绍信或文件写在衬衣和手帕上，先由江文把它冲洗出来，再送给任弼时，这样在任弼时身边工作了半年多。1932年，江文被调到无线电学校学习无线电技术。毕业后，又在红军总司令部前方电台工作了一个时期。

1933年5月中旬,上级通知江文带一部电台随弼时同志去湘赣根据地。他刚从无线电训练班学习归来,一路上,江文就用电台和湘赣省委保持联系。他们从瑞金出发,到赣江边,敌人封锁很严,白天不能渡江,夜晚几人乘坐小船偷渡过江。五六百里路走了十几天。这些天里,江文一直和任弼时在一起,出根据地,进游击区,在地下交通员的带领下,跋山涉水。任弼时对江文是很信任的。任弼时也绝不相信江文要逃跑。因为若想逃跑,根本用不着带着电台和人员突围出来。

因此,任弼时只对江文做了一点象征性的处理,将他担负的工作变动了一下,由原任无线电中队政委改为负责无线电侦察工作。没多少日子,6军团突围西征到达湘黔边境时,任弼时又把江文叫去,说无线电侦察工作另找人干,仍要他去当政委。

江文从离开无线电中队政委岗位到复职,相隔约3个月。用江文自己的话说:"好在弼时了解我。"

(欧阳韵)

"都是任弼时鼓励的"
——任弼时与阎知非

第三次反"围剿"结束后不久,国民党第26路军(原冯玉祥部西北军)1700多人在参谋长、地下党员赵博生和季振同、董振堂、黄中岳率领下,于1931年12月14日在江西宁都起义。这时,阎知非参加了红军,被派往苏维埃政府办的无线电通讯学校当教师,后又调到苏维埃中央政府成立的电台工作。也就在这时,阎知非认识了任弼时。

任弼时非常重视电台工作,几乎每天去电台一次,对阎知非及其他工作人员都很关心,问寒问暖。他们很快就熟悉了。

1933年5月,任弼时去湘赣苏区担任省委书记兼军区政委。在湘赣,又遇到了先期到达这里的阎知非。从此,阎知非便在任弼时的直接领导下工作。

阎知非是搞技术的,不是党员,但任弼时同样很信任他。5月底,在棠市作战中缴获了敌人一架损坏了的电台,任弼时就派阎知非去修理。这时,湘赣军区就有了两部能用的电台和这部正在修理的电台。于是,任弼时指示,无线电工作要发展,要办训练班,成立无线电中队,并派阎知非任中队长,江文任政委,统管这3部电台及一个电训班。中队除担负通信联络任务外,还负责无线电侦察和抄收红色中华通讯社播发的新闻。

电训班教官王永浚经过仔细研究,能把截获的国民党军队密码内容破译出来。阎知非发现了他有这个技术,就和江文一起向任弼时作了汇报。任弼时非常重视,立即指示成立侦察台,把周围敌人之间往来的电报都收到,进行破译以分析研究敌人的动向,决定我们的行动。后来,任弼时自己也来破译电码,和陈琮英一起天天都到电台去一次。这样,与阎知非就更加熟悉了。

1934年8月,红6军团奉中央命令突围西征,离开湘赣,向红3军靠拢。几经转战,在甘溪与桂敌遭遇,战斗失利,部队被截成三截,陷入了湘、桂、黔3省敌军24个团的包围之中,形势对6军团非常不利。

这一地区山势险峻,人烟稀少,物资奇缺。部队常常是在悬崖峭壁上攀行,马匹、行李不得不丢掉。一些部队有时一天一顿稀饭,饿着肚子走路打仗。指战员们没有鞋子穿,赤着脚在深山密林中行军,历尽艰辛。

当时,任弼时得了疟疾,病情严重。在医药奇缺的情况下,开始还可以躺躺担架,后来山路陡峭,只好手拄木棍,和萧克一起领导全军行动。经过10多天的艰苦奋战,在一天下午,部队进至石阡至镇远敌人封锁线上,击溃了敌人巡逻警戒部队后,占领了东去的路口,并向南面镇远及北面石阡派出警戒。寻得一老猎户作向导,主力鱼贯向东。深夜,从一条人迹罕至的谷涧水沟通过。队伍每人头上裹白巾一条,一个紧跟着一个。

有一段路很难走,因骡马都没有了。阎知非也疲劳得很,拄着一根棍子慢慢地行进。这时,任弼时看到了他,忙问:"你走不动了?"阎知非一看任弼时病成这样还指挥着全军转移,还这样惦念他,忙说:"走得动,走得动!"强打起精神,脚下也确实快了起来。没走多远,就见任弼时的通讯员牵着一匹马过来，让阎知非骑。阎知非非常感动，却说什么也不骑。他知道，这匹马是萧克军团长看到弼时病体太虚弱，专门从老乡那里买来的，自己怎么能骑？阎知非又让陈琮英骑，陈琮英也不骑，瘦小的身影一直行进在队伍中……

天亮了，部队终于全部走出了夹沟。那匹马没等到骑，很快，6军团即与贺龙会师了。

会师后，有一次打了一个大土豪，缴获了一些东西，个人需要可以买。陈琮英特意买了一包丝绵送给阎知非。阎知非考虑到任弼时和陈琮英身体都不好，他们比自己更需要，就把丝绵退了回去。陈琮英生气了。有的同志就转告阎知非：陈琮英生气啦，送你东西你不要！这样阎知非才又收下。陈琮英可高兴了。环境是艰苦的，但同志们相处是亲密无间的。日常生活中他们没有什么上下级、领导与被领导的拘束，电台的同志平时甚至随便到亲切地称呼陈琮英的外号。

任弼时对自己和陈琮英的要求是极严格的，尽管陈琮英常去电台，重要电文任弼时也要亲自译，但他们从不享受任何特殊待遇。由于电台工作常熬夜，有的工作人员不是党员等，对电台工作人员照顾便多些，津贴也高些，还有夜餐费等。最初给阎知非的津贴是40元，后来阎知非要求减到二三十元。他看到弼时与陈琮英生活那么艰苦，和普通干部一样。阎知非要是买点好吃的东西，就去请他们。直到长征到了庆阳，阎知非还和任弼时一块照过相，可惜相机有毛病，没有成功。此后，任弼时调中央工作，阎知非就再也没和他一起工作了。

80年代，当人们访问阎知非，问起他与弼时的交往时，他总是那么诚挚地说："我们在一块相处得很好，不是一两次，而是日常生活都在一块。首先在瑞金成立电台，他从上海一来就问寒问暖，1933年他和陈琮英到湘赣苏区后就在他的领导下工作。他经常鼓励我钻研业务，我那时能起作用，都是任弼时鼓励的。"

（赵一踪）

"好男儿志在四方"
——任弼时与龙舒林

1933年春，任弼时受到王明"左"倾路线的排挤，被免去苏区中央局组织部长职务，派往湘赣苏区。蔡会文、王震、萧克率部队到赣江西岸迎接。因敌人封锁得十分严密，任弼时一行只得夜间乘小船悄悄过江，湘赣军区司令部机要科长龙舒林也一起去了。任弼时留给龙舒林的印象是少言、多思。

任弼时到达后，蔡会文去看他，发现他抽烟很厉害，就让龙舒林把前不久棠市战斗中缴获的烟选些好的给任弼时送去。龙舒林原打算把烟叶悄悄地交给任弼时的警卫员就走。不料，任弼时知道龙舒林是来送烟的，就说："不要走，留下来坐坐。"

当时，龙舒林才18岁，第一次和中央来的首长交谈，很拘束。任弼时就和他拉家常，从年龄到文化程度，从负责工作到家是哪里以及军区司令部的一些情况，都一一问到。当任弼时听龙舒林说读过私塾时，便说："那不错嘛，读了私塾就是"二斤半"，学了文化嘛！"这一席话，使龙舒林感到格外亲切，觉得任弼时非常平易近人。任弼时也记住了这个读过五六年私塾的机要科长。

以后，工作接触更多了，军区电报一般的由通讯员送，重要的则由龙舒林自己送给弼时。

1934年7月23日，中央命令6军团突围西征的电报是军委发来的，来电指定弼时亲译，机要科长龙舒林协助。任弼时看完电报表情很严肃，对龙舒林说："军区机关要分成两部分，一部分转移，一部分就地坚持工作。"接着又问龙舒林舍不舍得离开家。龙舒林坚决而爽快地回答："没问题，我愿意跟部队走！"任弼时说："那很好！好男儿志在四方嘛！"随后，部队进行整编，出发前两三天，任弼时调龙舒林到6军团机要科工作，并对龙舒林说："军区机要科和6军团机要科不一样，军区机要科只管收发内部电报，而6军团的还要破译敌人的密码。你主要搞破译，你的条件比较合适。"因为龙舒林读过私塾而敌人密码恰恰爱用文言文。龙舒林就此转向搞破译工作了。虽然西征后任弼时主要精力在指挥部队行动上，但对情报工作丝毫未放松。他嘱咐龙舒林："钻进去，时间干长了是会有兴趣的。"

他还对龙舒林说："战争要胜利，需要知己知彼，你的工作主要是知彼，你把敌人的情况弄清楚了，我们就好下决心了。"

机要员的工作是辛苦的，不论白天行军多么艰苦，晚上也要坚持工作，收听敌人电台信号，进行破译。任弼时对他们的工作、生活、思想都格外关心体贴。在那么艰苦的环境中，为保证机要员的健康，每人每月3元钱夜餐费，但在作风、思想上对他们要求得十分严格。

长征中，部队走到云南楚雄，准备在此休息一天。结果，龙舒林把电文中一个地名搞错了两个字，以为敌人离我们只有一天路了，部队没有休息又开拔了，而实际敌人距我们还有两天路程。任弼时知道后并没有责怪他，只是说了一句："没关系，先走，先到江边。"相反，一次因为房子问题，任弼时却责备了龙舒林。原来，龙舒林和另外一名同志联名写报告给贺龙，为房子事批评管理员，贺龙便把管理员狠狠地训了一通。任弼时知道后，也把龙舒林批评了一顿，说："这样一件小事，你们就联名写信给贺龙告状，值得吗？以后不能采取这种方式！"

打下澧州那天，因为是晚上进城，街上小铺都关门了，没有东西卖。可龙舒林他们肚子饿，晚上还要工作，发现驻地附近有卖烧酒的，几个同志跟着他一起空着肚子喝了酒，结果醉了。回到驻地就睡了一夜。任弼时发现后，便陪着龙舒林，代他工作了一宿。第二天，任弼时狠狠地批评了龙舒林，说："你机要科长带头违反纪律，晚上跑出机关还喝酒，醉了，让敌人搞掉死了也不冤枉！"龙舒林对这样的批评心悦诚服。

（李联群）

良师·益友
—— 任弼时与肖荣昌

1933年9月，任弼时来湘赣苏区不久，湘赣军区无线电队举办的无线电训练班第二期正式开学。当时只有15岁的肖荣昌被选调来学习报务。经过几个月的训练，肖荣昌毕业了就留在军区无线电队，当了一名报务员，在任弼时身边工作。

15岁的年纪，本来还是个孩子，可在艰苦的战争年代里，他们却已成为红色战士了。任弼时素来重视无线电通信工作，对这些小战士就更加关怀、爱护。他经常到电台来，和蔼地问肖荣昌："敌人的情况出来没有？""听得到听不到？"有些首长到电台来，肖荣昌他们思想就紧张，但任弼时来，他们的思想就轻松。肖荣昌常说：别看他是党中央的代表，看起来很严肃，但他很温和，平易近人。有时，干扰大，听不清，任弼时一去，就拿个小凳子坐在跟前，陪着听。这给肖荣昌的激励是永生不忘的。

西征在敌人"围剿"中行进，遭到前阻、后追，很是紧张。任弼时始终让电台跟着他行动，往往一到宿营地，马上就到电台来了解敌情，照应小报务员。在突围时，任弼时总要对他们说："你们不要离开我，跟我走！"生活上，任弼时对肖荣昌他们也总是尽可能给以照顾。当时红军中是讲官兵一律平等的。可任弼时敢于打破常规给肖荣昌他们技术津贴7元，在那时很了不起。在政治上，任弼时对小报务员更是循循善诱，倍加爱护，实事求是地处理问题，避免"左"的一套。

一次宿营，肖荣昌不值班，就拿起了通讯员的马枪摆弄。不小心，枪走火了，就在司令部门前响了一枪。这可把肖荣昌吓坏了，站在那里愣了半天回不过神。司令部一查，知道是他玩枪走了火。后来，任弼时把他叫去，肖荣昌怕得不行，以为这下要被送保卫局了。却不料任弼时很和蔼地问清了全过程,只说了一句:"小鬼,以后要注意啊!"就这样一句话,没有更多的责备。这给肖荣昌的印象太深刻了。许多年以后他还说:"是我亲身体验的,任弼时的确是良师,是益友,像慈父一样。自己的首长要是执行'左'倾路线,就把我送到保卫局去了。"

肖荣昌最后一次见弼时,聆听他的教诲是撤出延安的时候。撤退前,任弼时路过安塞,给军委2局开了全体大会,讲了话,他鼓励同志们:"你们必须精益求精,发挥创造性,永远不落后于敌人,在新的情况下保持与发挥你们的耳目作用……你们应该强调艰苦奋斗,自我牺牲……党应尽一切可能来关照你们,使你们工作得更好。"这些话鼓舞着肖荣昌为人民军队的通讯事业奋斗了一生。

(陆子明)

信任与关怀

——任弼时与王永浚

王永浚是湖南衡阳县人,1929年考上湖南军官学校无线电大队,毕业后不久就当上无线电队队长,在湖南军阀部队63师服役。1933年5月19日在江西莲花县九渡冲战斗中,参加了工农红军。

当时,红军的电讯工作处于初创阶段,十分缺乏技术人员。王永浚参加红军后,约半年的时间,就负责训练了两期报务员。任弼时得知此事后,立即把他调到湘赣省委,后来又把他调到红6军团司令部,担负猜译敌军情报的工作。

当时,红军手中没有敌军密码本。为了破译敌情,王永浚便靠手里的一本明码和一张十万分之一的地图,一个字一个字地积累编成了部分敌军的密码本。他将收到的敌军电报一个字一个字地猜测,译出敌军新的行动和作战意图的情报来,从而使我军的行动有了很大的主动性。

一次，王永浚用电台截获到一份被红 2、6 军团围困在宣恩的敌司令徐源泉发给驻在来凤的敌 41 师师长张振汉的密电。任弼时得知后，马上来到机要室，给正在破译的王永浚倒了杯水，平静地说："小王，别急，慢慢译。"

望着任弼时和蔼、信任和希望的目光，王永浚智如泉涌，不一会儿便将这份敌军密电破译出来，原来徐源泉命张振汉立即率部来解宣恩之围，并且还吹牛说要在宣恩城下活捉贺龙和任弼时。

根据王永浚译出的敌电，任弼时和贺龙商议在敌军经过的中堡地区摆一个口袋阵，只要张振汉敢来，就会陷入口袋阵内，全军覆没。

这天下午 3 时左右，张振汉的部队果然来了，并进入了任弼时和贺龙布置好的口袋阵。贺龙一声令下，四周山岭顿时响起了密集的枪声。没过多久，张振汉的 41 师就被解决了，师长张振汉也被红军活捉。

长征途中王永浚得了一场大病，险些丧命，病好之后，身体一直未恢复元气，体质虚弱。任弼时了解到这一情况，决定特别分配给王永浚一匹马，每月补助 10 元钱，让他买营养品。与此同时，任弼时还派人专门照顾王永浚。

任弼时的信任和关怀使王永浚深受感动，他加倍努力地工作起来。无论是作战还是行军，每到一处，他总是要先完成破译工作才去休息。

（刘一丹）

关怀备至
——任弼时与谭天哲

这是发生在长征途中的一个非常平凡但又感人的真实故事。

谭天哲是红 2、6 军团的译电员。在一次转战中，他先是生疟疾，后来又拉肚子，病了将近半个月，身体十分虚弱。

一天，部队要翻过一座大山，向湘西的永顺前进。谭天哲虚弱得连走平路都打晃，哪里还爬得动山！不一会儿，他就落到了队伍的最后。

谭天哲咬紧牙关，一边揩抹着阵阵虚汗，一边慢慢地一步一步往前挪……当爬到半山腰时，全身已没有一点力气，寸步难行。谭天哲心里十分着急，因为他身上背着电报密码，是十分机密的。可自己现在已掉了队，又没力气赶上部队，万一敌人来了，把密码搜走，那将给部队带来多大的损失啊！谭天哲急得几乎要哭了。

恰好部队的收容队来了。谭天哲的叔叔谭石冰见他走不动了，就上去搀扶他。谭天哲在叔叔的搀扶下，又勉强走了一段路。但没过多一会儿，他就瘫坐在地上，再也迈不动步了。

谭天哲喘息着从背的行李当中掏出密码本，沉重地对叔叔说："你把密码本拿走吧，交给弼时同志，告诉他我实在走不动了。"

谭石冰心中十分难受，不愿意舍弃自己的侄儿，只身一人去赶队伍，他坚持要继续搀着谭天哲向前行走。谭天哲恳切地对叔叔说："你快走，让我休息一会儿，再去追队伍，不然我们两个人都可能被敌人抓走杀掉。特别是密码本，十分重要，绝不能让敌人拿了去。"

谭天哲的话说得在理，谭石冰也明白密码本比生命都宝贵。于是，只得自己先去追赶队伍了。

不一会儿，马夫老葛牵着马从前面气喘吁吁地走到谭天哲的身边。原来任弼时听说他掉队了，就叫老葛用自己的马去接，谭天哲十分感动，他知道自西征以来，任弼时身体一直不好，经常生病。萧克、王震为了照顾任弼时的身体，专门给他派了一副担架。但弼时为了让担架员休息，很少用它，或是自己走路，或骑马。现在弼时又把马让了出来，他只能拖着虚弱的身体步行了，这怎么行？想到这儿，谭天哲感动地流下了眼泪……

（于　凡）

教育深刻　记忆犹新
——任弼时与何辉

1934年8月，红6军团西征行至阳明山一带。这里山区狭小，地瘠人稀，部队的粮食供给很困难。一天，裁判所所长何辉实在走不动了，躺在路上，恰遇任弼时走到跟前，看看是何辉，就说："何辉呀，起来慢慢走吧！"话语不多，却十分亲切，使何辉感到格外温暖，看看弼时，满身泥水，拄着棍子，艰难地迈着步子，顿时给何辉疲惫已极的身体增添了力量。他慢慢挣扎起来，一步步地跟上了队伍。

不久，部队到了贵州的锦屏一带苗族、侗族聚居地。一天，师部通讯连押来一个苗族老太婆，50来岁，很厉害的样子，虽然被捆着手，却毫不示弱，又叫又喊，可惜满口土话谁也听不懂。据通讯连报告说，她不让红军在村里宿营，还想用刀砍杀战士。说着，来人将一把长柄、钩头的苗族柴刀摆在面前。人证物证俱在，但何辉和同志们都没有处理过少数民族案子，不知如何是好，急忙去请示弼时。

听了汇报，任弼时非常严肃地说："她是受了反动宣传的欺骗，受大汉族主义的迫害，不了解共产党和红军的情况，你一定要向她表示友好，把刀还给她，向她说明红军是保护少数民族的，经过这里是路过，不侵犯他们的利益。"按照任弼时的指示，何辉马上叫人给那老太太松了绑，并搬了凳子请她坐。虽然一时语言不通，但这种友好的表示她还是理解了，目光也平和了许多。何辉又把刀还给她。她走了，并且也没有杀人。这一案的处理给何辉以深刻的教育。

此后，长征路上，渡过金沙江到了草地进入藏民区，何辉即调到了司令部，专门负责部队行军途中和地方百姓联系的工作。他带着保卫部的几个人以及藏民的喇嘛、通司（翻译）一起工作。有了苗区工作经验，这一段时间工作就顺利多了，藏民管何辉叫"政治官"。每到一处之后，就由喇嘛写个条子传递到下一宿营点，再也没有发生什么意外。

何辉带着他们跟着任弼时、贺龙一起走。为了做好这部分人的工作，任弼时再三叮嘱何辉："你要和他们打成一片，要学会藏语，要经常给他们交代政策，宣传苏维埃的主张。"依着政委的指示，何辉深入到这些人中，和他们吃在一起，睡在一处；吃不来藏民吃的酥油，硬吃；闻不惯他们身上的酥油气味，也和他们住在一处；还把打土豪得来的钱和烟分给老百姓。这样，一直到甘孜和四方面军会师。

更令何辉不能忘怀的是部队在贵州一带收编地方武装一事。

红2、6军团解放了黔西、大定、毕节3县后，收编了一支当地武装，与部分红军合编成抗日联军，任弼时派何辉任政委。开始还可以，但当红军撤出毕节时，这些被收编的地方游杂武装大部分不愿离开家乡与红军同行。

当时，何辉同这支部队住在距黔西县城20多里处的一个村子里。一天半夜，司令部来人送信，要部队天亮前赶到黔西城里。可这些地方武装不走。何辉带着红军往前走，他们向后走。红军派去的参谋长对这支队伍的司令说："你是不是给贺老总写封信呀？"他说："你告诉贺老总，我对不起他。"何辉和他们尚有一段距离，不清楚这一情况。最后，只收了几个掉队的人，为此，心里很不安，不知如何交代。

当何辉赶到毕节时，立即向任弼时、贺龙汇报："那些人不来了，跑了！"何辉想，花了不少钱，烟也给了不少，人却跑了。损失了那么多武装是对革命的犯罪呀！何辉害怕极了，连话都说不出来，不知要受什么处分。

不料，弼时却说："还好呀，没有把你们都给收拾了算好的！"听了这话，何辉心里的石头落了地。

（韩　昕）

相识在苏联
——任弼时与师哲

1938年夏末秋初的一天，在莫斯科大街上急匆匆地走着一个从新西伯利亚来的中国人，他的名字叫师哲。

师哲原是国民军第2军胡景翼的属下。为了让苏联帮助训练军事人员，1925年1军（冯玉祥所部）和2军各派了25人，去苏联入军事学校学军事，师哲便是其中的一个。从那时起，师哲在西伯利亚边疆区首府诺沃西比尔斯克一直工作到1938年。这年，苏联肃反运动结束了，在苏方调整内部人事安排时，师哲的工作被解除了，其理由是他不是属于苏联基本民族的中国人。

此时，他从新西伯利亚来到莫斯科，目的是想找驻共产国际的中国代表团谈话，要求回国或者申请工作。

师哲内心忐忑不安，精神上也好像压着一块千斤巨石。因为从1930年起，一连好几年，每年他都到共产国际去找中共代表团要求送他回国工作，但每次都碰到王明一伙不可救药的官僚主义分子，皮笑肉不笑地打官腔，支吾搪塞，拒他于千里之外，使他有话不能说，有苦无处诉。因此，当他这次去找中共代表团时，一路上老在忧虑，他们会承认我，理睬我吗？会听取我的意见、替我解决问题吗？当时，苏联的肃反运动虽已基本结束，但社会上的政治气氛还相当紧张，人人自危、朝不保夕的感觉并未完全消失。人们常常还是以疑惧的目光望着对方，对许多事情和现象仍怀着猜疑的心情。师哲这个黄皮肤的中国人出现在莫斯科大街上，不能不引起人们的注视。这使师哲心里的负担更加沉重：这次去了，到底是吉是凶？是福是祸？

那时，师哲在莫斯科除一两位相识的女同志外，再没有其他熟人。师哲决定冒险去找他的朋友安娜·菲拉托娃。她简略问了师哲的情况后，鼓励他说："你还是去试试吧！反正都是中国人，见了面总可以谈话的嘛！"这样，师哲壮着胆子，鼓起勇气，到了共产国际传达室，说明来意后，很快出来一位女青年，叫娜达莎，把他接到中共代表团的住所。

师哲走进首席代表办公室，看见一位中年人，觉得他似乎太年轻了点，同自己的年龄不相上下。师哲上前去同他握手，通报了自己的姓名。那人也按照外国人的习惯，在握手的同时通报了他的姓名——"陈林"。当时师哲两眼望着那人，一边谈话，一边在心里盘算：他是谁？从来没有听说过中共中央有这么一位领导人。那么，他到底是谁呢？

师哲一口气汇报了他的情况和问题，最后要求送他回国，否则，就暂时给他安排个工作，以便维持生活。因为在那里，一旦离开工作岗位，便无工资，生活就成问题。这次出乎师哲意料，陈林不像从前驻共产国际的王明等一伙人，他一句也没有打断师哲的话头，让师哲一直讲下去。他细心地倾听，直到最后才提出一个非常合理的问题。这本来是师哲在谈话中应该主动向他说明的，但因一时激动，竟疏忽了。陈林问师哲："到底为什么解除了你的工作？""他们宣布的理由是，中央有指令，非苏联基本民族，不得在苏联国防部门、保卫部门、外交部门工作，并且这个指令是要不折不扣贯彻执行的。"

陈林的表情有些愕然，以至于茫然了。他立刻沉默下来，凝视着师哲，他不明白共产党领导下的社会主义国家政权，怎么会以种族、民族作为安置和使用干部的标志和准则呢？是的，事情的确荒谬，令人难以置信，所以怀疑也的确是有理由的。但1938年春才到职的陈林对苏联1936—1938年肃反运动中的情况还没有完全了解。

听了师哲的陈述之后，陈林给国际干部处打了个电话，把处长叫来询问详情，那人肯定了师哲的话是真实的，并说还有另外两个干部，其遭遇和师哲完全相同，也来干部处要求解决工作问题。在了解了这些情况后，陈林和蔼地对师哲说，他将同干部处协商安置他的工作，要他先回去，等候消息。

师哲盯着陈林，心想，天哪，今天我才找到了真正的中国共产党党员，他完全不同于那个自称百分之百的布尔什维克的人！此时此刻，师哲所得到和感受到的慰藉、温暖、满足、舒畅……实在是无法言传的。后来师哲在回忆这段情形时，用这样一段话描述他当时的感受："我真的觉得自己酷似重新回到母亲怀抱的婴儿。""一个长时期远离母亲、断了乳汁、嗷嗷待哺的婴儿，一旦回到慈母的怀抱，他所得到的温暖，安慰和幸福，是可想而知的了。"

在回去的路上，师哲一直沉浸在幸福的喜悦之中。他的朋友安娜看着师哲神情舒展，就开口问："今天该美餐一顿了吧？我已为你准备好了。"接着，安娜又问："谈的结果怎样？有点希望吗？"师哲不禁脱口而出："一切都顺利。"

可是，这位陈林到底是谁呢？两天后，师哲到干部处谈话时，才知道那位和蔼可亲的中共驻共产国际负责人，就是我党著名的领导人任弼时，陈林是他在共产国际时期的化名。

"任弼时"，师哲恍然大悟。他听说过这个名字。他从东方大学一些学生的口里听说过，从国内来莫斯科的青年口里也听说过，这是一位了不起的卓越的中共领导人。师哲不由得从心底升腾起一股崇敬之意。过了不几天，干部处安置师哲到莫尼诺国际第二儿童院工作。

1939年1月，师哲开始担任任弼时的秘书。他协助任弼时处理中共代表团的日常事务，另外还做了三项主要工作：清理王明、康生积压在共产国际的中共档案资料；研究"远东慕尼黑"问题；翻译我党著名领导人的文章，以加深世界各国共产党对中国共产党的了解。他成为任弼时在共产国际工作期间一位得力的助手。

1940年3月，师哲随任弼时返回祖国。抵达延安，并继续担负着任弼时的秘书工作。

在随同任弼时工作期间，师哲无论是在思想上、工作上还是生活上，都受到了任弼时的亲切关怀。任弼时了解到，师哲从1925年出国后就同自己的爱人及女儿失去了联系，回国之后也一直没有找到。任弼时把得知的这一情况默默记在心里，利用一切可能的机会帮助师哲打听亲人的下落。

1940年5月间，任弼时和李富春同车到真武洞去检查"七大"会址的建设、安排和筹备工作，路经安塞县侯家沟时，将车子停在一所小学校的门前，随即进去了解这个小学校的情况。在谈话中，得知该校女教师姓贾，陕西韩城人，女儿叫师秋朗等情况后，任弼时就断定，他们就是师哲离别15年、下落不明的妻女。于是，就把他们带到延安。分别15年的师哲一家，在任弼时的关怀下终于团圆了！师哲万分感动，他十分庆幸自己结识了这样一位有胆有识又重同志之情的领导人。

后因工作关系，师哲离开了任弼时，但他时常惦念这位可亲可敬的老领导。

1949年年底，师哲陪同毛泽东出访苏联，恰巧任弼时在苏联养病。师哲与毛泽东一同前往莫斯科皇宫医院看望任弼时。看到任弼时病成那样，师哲心里十分难受。他紧紧握住任弼时的手，半天说不出一句话。在师哲的心目中，任弼时是他最爱戴的导师之一。在回忆任弼时的文章中，师哲深情地说："他用自己的革命活动，用自己的战争史实，用他为党为人民忠心服务的精神，用他的优良作风和崇高的品质，教育了我们，培植了我们。"

（樊 里）

一次记忆深刻的谈话
——任弼时与毛崇横

这件事发生在1947年转战陕北途中。

毛崇横当时是个20多岁的小伙子，在中央机关做警卫工作。

任弼时是我党青年工作的先驱，虽然自1927年11月底他调到党中央机关工作后，不再直接从事共青团工作，但他对青年人一直十分关心。无论工作多忙，他总是抽出时间和他身边的年轻同志聊一聊，启发他们的觉悟，促使他们更快成长。

1947年4月13日，中央直属纵队到达安塞县王家湾。在这儿共住了56天。

一次，毛崇横从任弼时住的地方经过，恰好任弼时正倚着门框，坐在小凳上休息。他见到毛崇横就叫住他，和颜悦色地和他聊起来。

任弼时问了毛崇横的家庭情况和个人情况，并向他提了个问题："你为什么要到延安来？"

毛崇横抗战时期就到了延安，在心里他早已把自己看成是个革命青年。听了任弼时的问话，他不假思索地说："看穿了国民党政府的腐败呗！……嗯，鲁迅、邹韬奋的书对我也有影响……再有就是为了抗日呗……"毛崇横一口气地列数着自己到延安的理由，然后有些得意地望着任弼时，好像在说："我的回答合格了吧？"

听完毛崇横的话，任弼时不动声色，接着又问他："如果你在那个社会读了大学，有事做，有饭吃，你还来吗？"

毛崇横依然是不假思索地回答："一定来！"

"我看不一定吧，你讲讲根据。"

毛崇横有些语塞了，半天也没有讲出什么新的道理，只是把自己刚才叙述的来延安的理由又说了一遍。望着任弼时深沉的目光，毛崇横不明意思地低下了头。

任弼时温和地拍了拍毛崇横的肩头，严肃地说："一个青年要建立革命的人生观，是很不容易的，这绝不是一朝一夕的事情。"

对于任弼时的话，毛崇横并没有理解，反而感到有些委屈，觉得首长对自己的评价太低，心中有些不愉快。

任弼时仿佛看出了毛崇横的心思，但他没再说什么，他想要给这青年人留点思考的时间。

过了几天，毛崇横又遇到任弼时，任弼时再次叫住了他："小鬼，上次给你提的问题想通了？"

毛崇横愣了一下，终于恍然大悟：首长工作这样忙，还记着那天和我谈话这样一件小事，他可真是一个关心青年人的好领导啊。

任弼时见毛崇横低头不语，知道他依然没有明白他那番话的道理，于是就说："一个青年树立革命人生观，和他所处的客观环境是有密切关系的；但要使革命人生观树立得牢固，还必须使它建立在科学理论的基础上，这就需要多读马列主义的书。只有懂得了马列主义理论，才能真正建立革命的人生观。"

任弼时的话对毛崇横触动很大。他在日后的工作中经常反复思考，反复琢磨，并按照弼时的教导，读了不少马列的书。随着理论水平、思想觉悟的提高，毛崇横越发体会到任弼时那一番话的意义，并经常向青年人讲述任弼时的这番教诲。

毛崇横曾感慨地说："是弼时同志用钥匙开启了我的人生观之门。"他把与任弼时的这次谈话，看成他一生中受到的一次最重要的教育。

（李　博）

悔不该在最后时刻离开他
——任弼时与刘佳武

1950年10月下旬，天津军医大学志愿军医疗手术队赴朝途中在沈阳稍事停留。一天，刘佳武看到下半旗，十分惊讶，赶忙打听，人们告诉他：弼时同志逝世了。他后悔极了，刚刚和弼时分开才1个多月，怎么会呢？真不该在最后时刻离开他！刘佳武不无自责地想。

"你是不是怕我？"

刘佳武是一个自学成材的土医生，没有进过医科学校。1941年年底，延安流行伤寒病，医院医护人员不够，延大校长吴玉章就动员学生支援中央医院，去做护理工作。正在延大学习的刘佳武报了名。到1948年年底，他已成了一名正式的医生了。

1949年4月20日下午，吃晚饭的时候，香山门诊部主任邓子华对刘佳武说："任弼时同志患高血压，在玉泉山休养，派你到那里去工作，你准备一下。"晚饭后，刘佳武就乘吉普车去了。

一到玉泉山，听了陈琮英介绍的病情，当晚，刘佳武就给弼时量了血压和体温，按了脉搏。

初到首长身边工作，刘佳武心里有些胆怯，见到弼时，开始觉得很不自然。弼时的模样很严肃，身材又魁梧，毛、周、刘、朱、任，他是第5位啊！大概这忐忑不安的心境被任弼时觉察了，便问他："你是不是怕我？"刘佳武先是回答："不怕。"随后又说："我是怕国民党当官的怕惯了。"不料，话一出口，便引来弼时一阵开怀大笑。此后，任弼时就经常地、主动地找刘佳武聊天。

任弼时本是一个多才多艺的人，善丹青，会弹钢琴，爱打猎，喜欢钓鱼。聊天时，他告诉刘佳武，当年在武汉做地下工作时就曾以画画作职业掩护；他弹琴，就请刘佳武帮他抄曲谱；他教刘佳武打猎，告诉他瞄准的要领。因为血压高不能看书，刘佳武就给他读小说消遣。

一次，刘佳武给他读《西游记》，念到唐僧取经时，如来佛要阿傩、伽叶将真经给唐僧。阿傩、伽叶问唐僧："有些什么人事送我们？快拿出来。"唐僧没送人情，结果得了个无字空本。孙猴子告到如来佛那里，如来反而说："你如今空手来取，是以传了白本。"后来，唐僧把紫金钵盂给了他们，才得了真经，而且还只给了三分之一。弼时听到此，哈哈大笑，说："看来极乐世界也并不干净啊！"

这样，过了一段时间，刘佳武的话就自然多了。他们在一起就像一家人一样。任弼时非常尊重刘佳武，张口闭口"刘医生"，从来不叫名字。在他家吃饭时，都是让刘佳武与他同桌。那时，刚进北京，任弼时的伙食很一般，特别是因治疗需要，吃饭要限量，每天吃的粮、油、菜都要按定量过秤。这些都是要刘佳武他们做的。任弼时开玩笑地说："长征的时候想吃，没有东西吃；现在解放了，有东西吃又不让吃。"

1949年秋末，组织上决定要送一批人去沈阳医科大学学习，任弼时一看名单上有刘佳武，就对他说："你现在先不要去，以后有机会让你去学习，不要着急。"这样，刘佳武就暂时留在了弼时身边。

这时期，任弼时虽然在养病，实际上他仍在坚持部分工作：每天都要秘书给他念一刻钟到20分钟电报，大多是关于解放军进军情况，有时还要看地图。每逢任弼时听念电报，刘佳武是不进他的办公室的，但是来访客人如果待的时间长了，刘就进去催，打招呼。

有一关，任弼时听念电报后，刘佳武陪他散步。任弼时忽然说："刘医生，你可以给家里写信了。"刘佳武有点纳闷，说："为什么？"任弼时说："你的家乡解放啦！"刘佳武明白了，一定是任弼时刚刚听到丹凤解放的电报。为此，刘佳武深为弼时的关心而感动。原来，刚到弼时身边不久，一次闲谈时，刘佳武说过，抗战胜利时父亲曾到延安看过他一次，他一直没回过家。解放战争一开始，家乡成为敌占区，信也不好写，怕给家里添麻烦。没料到，任弼时把这些话都记住了。1950年8月中，任弼时特意放了刘佳武半个月假，让他回老家探亲。

"钱不够我再给你补一些"

任弼时的高血压一直不见明显好转，1949年11月中央决定送他到莫斯科治病。在考虑去苏联的随行人员时，任弼时问刘佳武去不去，刘佳武说那当然去！任弼时说："那就带你一人去。"刘说："我一个人不行，负不了这个责任。"弼时说："不要紧，到那边有苏联同志，治病有苏联人负责，你主要是陪我说说话。"就这样，任弼时连一个警卫员也没带，只带了刘佳武及翻译朱子奇和一个苏联大夫，一行4人。他说："我们国家刚解放，带的人多，就要给国家增加负担。"

行前的制装、购物，任弼时又大方，又限制。必须用的东西，从头到脚都让买，但衬衣之类，只许买两件，说有一件换洗的就行了。冬天有一件皮大衣，不许买夹大衣。那时国家没规定标准，可任弼时自己有个标准，原则就是尽量少花国家的钱。刘佳武做皮大衣时，任弼时对陈琮英说："人家送给我的皮大衣领子，送给刘大夫吧！"至今刘佳武还保存着。当时，刘佳武做了一套西装，一套中山装，还做了一顶呢子的解放帽。弼时同志只比刘佳武多做了一顶礼帽。

到苏联后，任弼时住在克里姆林宫的皇宫医院，刘佳武住在莫斯科大旅社，按规定时间去探视。10多天后，任弼时的血压高压从200—210降到170—180左右，于是，便搬到疗养院去了。刘佳武、朱子奇还住在旅馆，隔一天去看一次。

有一天，刘佳武去看任弼时，见门口放一个凳子，外国人的习惯，就是拒绝进入。但刘佳武还是进去了。一问才知道任弼时因坐马拉雪橇，马惊了，把车夫摔了下来，他独自一人紧紧抓住绳子不放，才没有出事。为此，刘佳武与朱子奇向大使馆反映，要求和任弼时住在一起，陪着他。经大使馆交涉，同意刘佳武住进疗养院。任弼时住的是套间，刘佳武就睡在外间的沙发上。他们又朝夕在一起了。

在莫斯科疗养院住了一段时间，就决定到黑海疗养院去适应一下，因为黑海边和中国气候差不多，在那里过渡一下，准备回国。这样，刘佳武又陪弼时到雅尔塔黑海疗养院住了一段，返回莫斯科时已是1950年4月底了。

自到苏联后，苏联发给5万卢布作养病期间的零用钱。任弼时把钱放在箱子里，交给刘佳武管账，并叮咛："你用多少钱都要记账，不许乱花钱。"刘佳武很认真地照办了。这次，要回国了，任弼时便给刘佳武些卢布，要他买些纪念品带回国。刘佳武买了些书，买了一架照相机。任弼时一看就说："怎么不给你爱人买纪念品？钱不够，我再给你补一些。"刘佳武这才给爱人买了一套衣服料子。

回到北京后，傅连暲去看任弼时，任弼时记起了自己的承诺，说："我现在好啦，想参加半月工作，你给刘医生找个地方学习去。"

就这样刘佳武离开了任弼时，进入天津军医大学学习。临行时，任弼时还送给刘佳武一个皮包。刘佳武刚到弼时处用的是一个布包，装药品不方便，任弼时就让陈琮英把他自己的皮包给刘使用。这次分别，索性就送给了刘佳武，并说："你拿去做纪念吧！"陈琮英告诉刘佳武："这是任弼时同志长征时用的。"

刘佳武背着这个皮包走进医科大学，背着这个包跨过鸭绿江，走向抗美援朝的前线。如今这个皮包保存在中国革命博物馆里。

（韩　昕）

"成功的秘诀在于专"

——任弼时与黄树则

黄树则曾做过任弼时的保健医生。自1947年起，他时常在任弼时身边。耳濡目染，一个伟大人物所具有的作风——专心致志负责到底的态度给他留下了很深刻的印象。

一天，倾盆大雨之后，部队行军到一条河边。按照计划，部队必须渡过那条河，但因河水猛涨，水势很急，桥顷刻被淹没。任弼时和其他几位负责同志站在岸边亲自指挥着防空和渡河工作。警卫泅水渡过河去，从附近的村庄借了木板木桩，搭了一个临时便桥，队伍只能排成单行走过去。弼时他们一直在桥头看着所有的人员都安全渡过，然后才过河去休息。

在西北战场开始反攻前不久，一次一个同野战军卫生部失掉了联系的后方医院给黄树则送来了一封信。信中说，他们不知道应该什么时候过河来执行任务，也不知道应该把医院设在什么位置。黄树则拿了信去请示弼时同志。

"叫他们先住下，你拟一个电报给西北野战军卫生部。"

两天以后，任弼时叫来黄树则，把回电拿给他看，要他马上写信通知医院。黄树则转身退出时，任弼时又叫住他：

"路上是不大好走的。想一想看。"

沉吟了一会儿之后，任弼时对黄树则果断地说："我们这里也派一个人，和通信员一同去。第一，路上保险一些；第二，信送没有送到，我们可以知道。"

在黄树则的印象中，任弼时对于任何一件事情，都总是这样认真安排。一次在陪任弼时散步闲谈中，任弼时说了这样一番话："对于一个计划的执行，要检查到底。"然后，又着重加上一句："要懂得这个'底'

字哩。"当时，黄树则不由得联想到了上面的事情。

任弼时专心致志的作风，不仅体现在工作上，在日常生活中也是处处可见。哪怕是游戏，他也认真去做。黄树则在陪同任弼时休养期间，对此有很深的体会。

打台球的时候，任弼时每发一球，总是非常用心地计算，因此，他得的分数总是最多。后来黄树则总是不等到打满一盘，就宣告结束，不然的话，任弼时会很认真地打下去，那就太疲劳了。

任弼时在船坞里面划船，船坞的宽度恰好与船的长度差不多。他和大家比赛，把着船在船坞里慢慢转一个圆圈，但不准碰到船坞的墙壁。每一次他都成功了。

任弼时向他的秘书学照相，每照一次，他都把距离速度和光圈大小一一记录下来，这样在一个小本子上就列了一个很细致的表格，可以非常方便地同洗出来的相片做对照，取得经验教训。

任弼时还是一个打猎的好手。有一次在野外教黄树则学射击。黄树则总瞄不准，一次次地失败，任弼时就一次次地指点着他，直到黄树则学会为止。

新司机来了，任弼时嘱咐他两点："平日多检查，行路要小心，先求稳，再求快。"

有一次，在大扫除之后，任弼时在散步时发现还有一堆垃圾没有铲尽。他问秘书，秘书说，起先大家干得很积极，后来快弄完了，也就有些松懈了。"但是你应该坚持。"任弼时恳切地说，"要知道，对于一件应该做又能够做的事情，坚持到底，就是领导。"

类似这样的小事，黄树则可以举许多许多。他说："无论对于大事小事都尽全力去做，我觉得这是一个伟大人物所具有的作风。从弼时的日常行动中，我更深深地体会到了这一点。"他感觉到任弼时非常讨厌的就是粗枝大叶的作风，而很喜欢讲的一句话是："成功的秘诀在于专。"

（樊　星）

在弼时身边的四个月
——任弼时与朱子奇

1949年11月间,朱子奇接到中央组织部的通知,调他以秘书身份,随任弼时去莫斯科治病疗养。

在此之前的八九年中,朱子奇曾多次见到弼时,在不同的会场聆听他的教诲。1941年,在延安各界为人民英雄刘志丹立纪念碑的大会上,任弼时代表党中央讲了话。他对刘志丹威武不屈的革命情操所做的分析,曾给朱子奇留下了深刻的印象。任弼时所讲的"战场是课堂,牢房是课堂,一切实际斗争都是考验共产党员的课堂"的话语,时时萦绕在他的耳畔。在延安中央礼堂里,任弼时几次观点明确、材料丰富、语言朴素、引人入胜的时局报告,仿佛就在昨天。在中国新民主主义青年团第一次全国代表大会上,任弼时站在台前做政治报告,由于病痛的折磨,只讲了一半就中断了,剩下的只好让别人代读完。但任弼时没有离开,他坐在主席台上,强打着精神,微笑着望着青年代表,就像园丁欣慰地望着几千朵盛开的鲜花。那情那景,历历在目……

关于任弼时,朱子奇也曾听到过许多议论。一位老首长对他说过,任弼时品德好,作风好,才能全面。既有坚定的原则性,又有策略的灵活性;既有高度的马列主义理论修养,又有极为丰富的实际斗争经验。一位随任弼时工作多年的同志也对朱子奇说过:"在任弼时同志面前,慌张的人会变为镇定的人,软弱的人会坚强起来。"

现在就要到这位令人敬仰和爱戴的领导人身边工作了,这是一件多么光荣和幸福的事!朱子奇心中十分兴奋,但他也有不安,他觉得自己政治思想水平低,能力不够,俄文也不好,深恐完不成任务。

朱子奇就是带着这种既高兴又不安的心情去见任弼时的。

任弼时和蔼的态度，平易朴素的作风，对同志无微不至的关怀，很快使朱子奇消除了不安。任弼时温和地对朱子奇说："苏联是列宁、斯大林领导的世界上第一个社会主义国家，是十月革命的故乡，那里有很多宝贵的革命经验值得我们学习。但是，事物都是一分为二的。苏联也有缺点和不足，特别是在卫国战争以后，困难更多，目前的生活还很艰苦。你看到这些，不要奇怪和失望。"

朱子奇诚挚地回答说："弼时同志，我明白您的意思，我会正确地看待苏联的。"

任弼时还取出一本书和一条毛毯交给朱子奇，说："这是一本全面介绍苏联情况的书，你可以抽空看看。毛毯是在陕北时公家发给我的，路上冷时，你可以盖一盖。"

书和毯子都已旧了，上面有时间留下的斑斑点点，显然它们已陪伴主人经历了许多峥嵘岁月。望着这两件平凡但很有意义的礼物，朱子奇感动得不知说什么才好。

火车迎着漫天的风雪在中苏边境飞驰。任弼时坐在宽敞舒适的车厢里，和朱子奇闲谈。列车开出满洲里，进入了苏联国境。任弼时指着远处那些黑魆魆的山峦，对朱子奇等人说：

"这一带是中苏交界的地方。过去曾经有无数勇敢的中国战士，越过中苏边境，参加了苏联游击队，同白匪和日本法西斯进行过殊死的斗争，中苏战士们的鲜血曾流在一起。还有不少的革命志士，冒着生命危险，穿过当时中国反动派和俄国白匪及日本帝国主义的层层铁丝网、盘查哨和特务站，到苏联去寻找革命真理。中苏两国人民之间的友谊是源远流长的。这些，你们什么时候也不能忘记。"

朱子奇不会忘记，而且他知道，任弼时本人就是那样的革命志士。那是1921年春，任弼时还是一个十六七岁的小青年。他化装成理发工人，秘密奔赴莫斯科去学习。临行前，他给父亲写的告别信，就宣告了他的伟大抱负："……人生原出谋幸福，冒险奋勇男儿事。况现今社会存亡生死亦全赖我辈青年，将来造成大福家世界，同天共乐，此亦我辈青年人的希望和责任，达此便算成功……"如今新中国已经成立，再回忆起任弼时这封气贯长虹的告别信，更增加了朱子奇对任弼时的崇敬。

在苏联养病的情景，朱子奇记得清清楚楚。

那里的医生、护士、病员、端饭的和扫地的，都很快就成了任弼时的朋友，他们都自愿为任弼时念报、读小说、唱歌、缝扣子、刷大衣……当任弼时要转到莫斯科郊外巴拉维赫疗养院去的时候，好多人来送行，有工作人员，也有病员。

在朱子奇的日记里，还记着这样一件难忘的事：1950年2月5日，发生了惊动全疗养区的马车事件。任弼时乘马车游山时，马受惊发疯一样地狂奔起来，皮套断了，马夫被摔下了车，任弼时却镇静地紧紧抓着一块仅剩下的木橛，奔跑了半小时之久才停下来。事后，任弼时的血压升到190，心脏跳得很不正常。疗养院院长、医生、急救员及许多病员都围过来救护、看望。但任弼时第一句话却是："别德洛夫（马夫）同志呢？他的伤势怎样？先给他治疗！"任弼时还召集大家一起，研究为什么受了特别训练的游马会这样受惊乱跑，找出原因，以免其他同志再遇危险。任弼时还特别嘱咐朱子奇不要把这一情况告诉中国驻苏大使王稼祥，给北京的信也不要提及此事，以免引起毛主席、周总理、朱总司令及夫人陈琮英的担忧。任弼时这种首先关心别人而不顾自己的高尚品质，以及在临危时所表现的惊人的沉着机警，使朱子奇及随行人员和许多苏联同志深受感动和教育。

在与任弼时相处的过程中，朱子奇感到他既是领导、老师，又是朋友。每次朱子奇去向任弼时报告国际国内消息及苏联情况，特别是关于解放军向南方进军的捷报时，任弼时总是很仔细地听，然后帮助朱子奇分析这些事件的政治意义。任弼时见朱子奇喜爱文学和俄文，便从各方面鼓励他，介绍朱子奇去苏联中央举办的政治学习班听课，并介绍他去列宁图书资料室借阅宝贵的关于俄国革命的史料。

1949年12月中旬，毛泽东初访苏联。不久，周恩来也抵达莫斯科。任弼时给朱子奇提供机会，让他跟随毛泽东、周恩来在莫斯科进行了一些重要的参观访问。任弼时还提醒朱子奇说："中苏两国人民的友谊很重要，毛主席与斯大林的会见很重要。这些历史性的大事，都应该忠实地记录下来，反映出来。"在任弼时的鼓励和督促下，朱子奇接连写了好几篇散文和通讯，如《十二月的莫斯科》、《毛主席在苏联》、《选幸福、选斯大林》等，向外界报道了毛泽东访苏的情况。

1950年春，任弼时要到苏联黑海去进一步疗养，朱子奇准备先期回国。在朱子奇临行前，任弼时专门嘱咐他去买了《政治经济学》等一些有关苏联社会主义经济建设的新书。任弼时语重心长地对朱子奇说："我们国家将要开始经济建设，搞经济建设没有知识是不行的，要学习别人的经验。"

朱子奇依依不舍地离开了任弼时，没想到这一别竟成为永诀。

朱子奇在任弼时身边仅仅工作了4个多月，但他得到的教诲却是终身受益的。

（刘一丹）

珍藏了大半生
——任弼时与李少清

在中国革命博物馆里陈列着一段任弼时1936年过草地时吃剩下的皮带。知情人都知道，这段皮带曾是任弼时送给警卫员李少清的礼物，李少清一直把它作为十分珍贵的纪念品收藏着。

1936年4月底，任弼时和贺龙领导的红二方面军渡过金沙江，进入了青康藏高原。部队在征服雪山的险阻之后，又进入了荒凉的草地。

草地行军最大的困难是缺粮。从甘孜出发时，每人只带了七八天粮食，预计十天后可以到达阿坝。由于沿途得不到粮食补充和体力极度消耗，结果走了20多天才到阿坝。二方面军因为是全军的后卫，沿途筹粮更加困难。虽然四方面军和先头部队尽量调剂留粮，终因部队庞大，留粮有限，二方面军不得不靠挖野菜充饥。有时前边部队把路边的野菜挖完，后卫部队连可吃的野菜也难以找到。

二方面军在草地走了10来天后，全军的粮食都吃光了。野菜也找不到了。有一天，宿营时，警卫员李少清愁眉苦脸地对任弼时说："任政委，今天什么吃的也没有了，怎么办？"

任弼时在草地上拔起一把草，笑了笑说："草儿香，野草香，红军战士粮食满山冈，这不是有吃的吗？"李少清说："这草不能吃。"任弼时说："小拐子（对李少清的亲切称呼），不要愁，想想办法。"说完就沉思起来。李少清这时一面用手抚摸着挎盒子枪的皮带，一面自言自语地说："还有什么办法呢？"任弼时抬起头来正要安慰李少清时，忽然看到了他身上背的皮带，惊喜地说："小拐子，有办法了。看，你身上背的皮带可以吃呀！快解下来。"

李少清说："这么好的皮带，怎么能吃掉呢？我还要给你背枪用呢。"

任弼时说："小拐子啊，现在不是背枪的时候，首先要解决吃的问题，枪不能当饭吃，这皮带可以当饭吃。"

李少清很不高兴地把皮带解下来给了任弼时。任弼时接过皮带翻来覆去看了好几遍，并来回踱步想问题。李少清问："任政委，你在想什么？"

任弼时说："我考虑怎么吃，这条皮带能吃几天？"说着就要李少清把小刀拿来。任弼时扯住皮带的一头，让李少清扯住皮带的另一头，隔一寸割开一个很长的口子。第一次割下来 8 块，让李少清找了些干树枝点起火，他亲自烧了起来。当烧得见焦时，就把皮面上的黑焦刮下去，再放在水里煮。这东西是煮不烂的，煮了一个时辰，任弼时说："差不多了，咱们吃煮牛肉吧。"这时，贺龙、关向应都走了过来。任弼时先吃了一块，一面咯吱咯吱嚼着，一面很风趣地说："这东西很有味道。"

关向应也接着吃了一块，并对李少清说："小鬼，这是好东西，比野菜好。"贺龙看到大家吃得很有味道，走过来也吃了一块，一面嚼一面说："你们真有办法，这个东西嚼嚼也有用。"接着，就发动部队开始吃皮带，暂时解决了一段粮荒。

皮带吃下去不好消化，尤其吃进空肚子里，老咕咕叫，最后原封不动地又拉出来。但这是当时唯一能进肚的东西啊。因此，任弼时等总部领导，要大家节约吃，计划好，因为估计还要 10 天才能走到阿坝。当时任弼时有两条皮带，第一条吃了一个星期，又开始吃第二条，任弼时在这条皮带上用钢笔写了一行字："越吃越健康，将革命进行到底！"当吃到 1/3 时，红二方面军接到中央的电报，知道就要到阿坝了。于是，任弼时告诉李少清:"剩下的半条皮带不要吃了,要留作纪念,将来这是很有意义的。"后来,任弼时从山西抗战前线去共产国际时,把这半条有他亲手用刀割的一块块痕迹的皮带作为礼物送给李少清,并鼓励他努力学习,成为一个好党员、好战士。当时,左权在旁边意味深长地对李少清说:"你要好好保存,这是弼时同志的历史。"

李少清把这一段皮带作为革命的传家宝珍藏了大半生。他带着这段皮带经历了8年抗战、3年解放战争和抗美援朝,度过了社会主义革命和建设的年代。1978年9月,这段皮带作为珍贵的文物被征集到中国革命博物馆。

(王 朴)

榜样的力量是无穷的
——刘宗顺的回忆

1933年5月,任弼时来到湘赣苏区担任省委书记。这时,组织上将我从省总工会调到他身边当通讯员。

当时正是蒋介石纠集上百万军队对我中央革命根据地进行第五次"围剿"的时候,战云密布,局势紧张,加上王明"左"倾机会主义路线的干扰,斗争十分艰难。任弼时工作繁重,经常通宵达旦地开会研究工作,批阅文件,有时还要到各地检查工作,调查了解各方面的情况。在生活上,他却和我们一样,每天5分钱菜金,红米饭、南瓜汤,身体弄得很虚弱。为了给他改善一下伙食,有一次我和警卫员段新民、饲养员老赵等商量,把分到的伙食尾子买了几个鸡蛋,准备早上起来用开水冲一下给弼时吃。当我第一次把冲好的鸡蛋送给他吃时,他神色严肃地问我:"这鸡蛋是哪里来的?"我回答说:"是买来的。"他不相信:"买来的,哪来的钱?"我如实地给他讲了事情的经过。他沉思了片刻,诚恳地对我说:"细满同志,你们不能这样做。现在我们整个苏区都很苦，要苦大家一起苦。每人只有几分钱的菜金，你们把它节省下来给我买鸡蛋，你们吃什么呀？搞革命不是靠我一个人，要靠大家。你们把身体搞坏了，又怎么工作？以后不许这样做了。"他讲到这里，还怕我思想不通，又问我："细满同志，我讲的话，你听清楚了吗？"我感动地点点头，表示知道了。弼时才笑着端起桌子上那碗鸡蛋汤送到我手里，让我把鸡蛋汤拿去分给大家吃。剩的蛋，也炒了给大家做菜吃。

后来，省苏维埃主席谭余保从白区弄来了两只奶羊交给我，要我把它喂好，每天挤点羊奶给任弼时吃，滋补身体。任弼时知道这件事后，便交代我说。"谭余保同志很关心我们，我们要感谢他。以后奶羊挤了奶，要首先送给谭余保同志吃，分给大家吃……"可是由于我没有喂过羊，更没有挤羊奶的经验，所以喂了很久，一直没挤出羊奶给首长吃。现在每每想起，还感到很内疚。

任弼时是艰苦奋斗的典范。他处处注意节约，哪怕是一张纸、一支笔、一个信封，都不许浪费。记得有一天晚上，他把我叫去，拿出一叠两面都用过的信封，要我把它翻过来糊好，以备再用。开始我没有经验，将翻过来的信封一个个地拆，一个个地糊，工效很低，而且还拆坏了些。他发现后，纠正我的做法。把许多个信封拆开后，又熟练地按规格斜着排列起来一起打浆糊，然后再一个个折叠。这样工效高多了。看得出弼时做这件事不是第一次了。他还启发我说："细满同志，你想过没有，我们的革命根据地这么大，人员这么多，如果不注意节约，浪费起来是很大的。就拿这个信封来说吧，一般只用一次，我们不讲形式，不求好看，正面用了，背面再用，还把它翻转来再用两次，一个信封就顶四个用，你说节约的潜力大不大？我们省委机关这样做了，就可以给下面做出一个好样子。"在任弼时的教育下，以后我随时注意将旧信封翻新后再用。

（刘宗顺）

关怀他人，严以律己
——任弼时与刘永珍

1934年秋，刘永珍在军团司令部当收发员，每天负责给当时的省委书记、红6军团政委任弼时送文件。

红6军团自离开湘赣边区西征以后，一路上冲破了敌人重重封锁，打下贵州黄平县以后，住了几天，进行短期休整。党小组长小何利用休整机会通知召开党小组会。从西征一开始，任弼时就和警卫员、公务员、收发员等编在一个党小组。当时，大家看到任弼时正在办公，又想到这些日子的转战很辛苦，便没有通知他。不想当刘永珍从任弼时门前走过时，他抬起头问："小刘，你干什么去？"刘永珍只好实说了。任弼时说："开会为什么不通知我呢？"刘说："看你工作忙，就没告诉你。"任弼时说："那可不行，我应该去参加。"说着，便和刘永珍一起来到开会的地方，并说在党内，不管他是军长，还是政委，都是普通一员，都要服从组织，绝不能做特殊党员。

10月间，红6军团赶到贵州瓮安县，与敌人展开了一场激战。偏巧此时刘永珍害了痢疾，病情越来越重。军团长萧克见此情景，便亲自把刘背到一个小山凹里。这里只有两三户穷苦老百姓，部队都睡在前面的稻田里，刘永珍躺在稻草垛上不断地呻吟着。

这时，天色渐渐黑下来，任弼时听见有人呻吟，就问："是谁在哼？"听说是刘永珍，便向刘睡的地方找来。由于天很黑，任弼时看不见刘，便一边走一边喊："小刘在哪里？小刘在哪里？"当摸索到刘永珍面前时，他打开了自己的提包，从里面摸出一丸药，说："我这里还有三粒药，你先吃一粒看看。"

当时，药品极为困难，任弼时身体又不好，刘永珍怎么肯吃首长的药

呢？他再三拒绝着，任弼时一边说服动员，一边亲自端来水，让刘永珍将药吞下，并叮嘱他好好睡一觉，如果不好，明天再吃药！

第二天清早，部队要转移了，任弼时又跑来看刘永珍，问他："肚子还痛不痛？泻不泻？"刘永珍立即告诉他："不痛也不泻了。"任弼时非常高兴地说："那就好了！"说着，又喊警卫员把马牵来让刘永珍骑。刘永珍说什么也不骑，任弼时只好又叫警卫员给刘永珍弄了根棍子，让他拄着棍子跟队伍走，并关切地说："小刘，别逞强，走不动就骑我的牲口啊！"

不久，红2、6军团会师了，并在任弼时和贺龙的领导下开辟了湘鄂川黔根据地。部队住在桑植县城时，上级派刘永珍去红军学校学习。学习归来，刘永珍被分配在政治部工作，离政治部房子不远就是任弼时的办公室。刘永珍一有空就到弼时那里去，见他很忙，有时就帮他打打水，扫扫地。每当这时，任弼时就制止他："这些不要你干，让我自己来！"刘永珍告诉他："我的工作做完了。"任弼时说："工作完了就抓紧时间学习嘛！同志，要革命就必须学习呀！"看看刘永珍没说话，任弼时又说："你不是文化低吗？现在就可以学习写字。"刘永珍两手一摊说："哪里去找纸和笔呀！"任弼时笑了笑说："这个好办。去找一根树枝来，就在房子里的地上写吧！"看到刘永珍真的拿着树枝在地上画起来，他才高兴地笑了。

（李联群）

一段不寻常的交往
——毛少先的回忆

1932年，我在红20军当连长。一次，在河西教导队，我辅导一位刚参加红军的姓刘的农民赤卫队长学兵器。那位姓刘的同志由于不熟悉步枪分解结合，再加上步枪是从土豪那里缴获的老掉牙的汉阳造，不慎弄断了撞针。由于这一偶然事故，我们俩都被"左"倾机会主义分子当做"AB

团"骨干分子抓了起来。

经过两个多月的审讯后，我被放了出来，但在"左"倾路线推行者的心目中，我仍然是被监视的对象，不但不能再去当连长，而且枪也不能扛，被派到伙房劈柴挑水，背锅扛粮。我拼命干活，把长期压抑在胸中的愤懑、委屈、愿望都迸发在劳动中。

同志们看见我浑身伤痕斑斑，手和胳膊流血化脓，仍拼命地干活，都很同情我。谁会相信为党和人民舍得流血、流汗，不惜生命的人会是反革命！52团政委方日明，为了保护我，就在他负伤的时候，把我叫去给他抬担架。

1933年5月。任弼时来到湘赣边区。他和省委的一些同志，很快制止了"左"倾机会主义分子乱抓、乱杀"AB团"的行为，不少同志被救了下来。不久，任弼时和肖克、王震等率领新成立的红6军团，为掩护中央红军大转移，提前突围西征。西征一开始，任弼时就生病发烧，手脚发肿，无法步行和乘骑。组织决定让任弼时坐担架。于是，方日明就让我去给任弼时抬担架。

自从给任弼时抬担架后，我再也看不到怀疑、监视的目光，心中十分满足和欣慰，每天抬着担架走百把里路也不觉累。西征途中，给养匮乏，为了照顾任弼时等领导同志，有时搞来点好吃的东西，但任弼时顶多也是尝尝，就分给我们担架员和其他同志吃。他诙谐地说："我是坐担架的，你们是抬担架的，我吃了增加大家负担，你们吃了脚腿有劲，好前进嘛。"任弼时的关心和爱护，激励着我，我叮嘱自己，革命需要我这副脚腿，我就尽心发挥革命脚腿的作用。我看到任弼时坐在担架上仍不停地看文件、看地图、写指示，为了掌握情况，捡到一张破旧报纸也要阅读研究，身体每况愈下，脸也浮肿了，仍为革命呕心沥血，就尽量把担架抬好，爬山下坡，踩石蹚河，都分外注意把紧担架，走稳脚步。我个子矮，爬坡就主动换到前头抬；下山，就主动换到后头抬。我是个老担架员了，为了很好地完成任务，便把抬担架行军的经验，凑成顺口溜，如什么"平地走路，勤脚碎步"，"夜晚行军低头看路，黑泥白水，麻糊糊的是路"等，都教给新担架员。

在给任弼时抬担架的过程中，我本想找机会向任弼时诉说自己的冤屈，可是领导和同志们忘我的革命精神，不屈不挠的革命毅力感染了我，教育了我，使我打消了这个念头。然而我没料到，日夜操劳军政大事的任弼时早已知道了我的问题。在一次宿营时，任弼时和蔼地对我说："矮子同志，'左'倾路线给我们一些同志个人造成了灾难和损失，可是给党和红军造成的损失更大。我们痛惜这些损失，但不应埋怨和叹息，而应是更加坚韧地革命！难道那么多好同志的鲜血和生命，给我们换来的只是委屈和消沉吗？"明晰深刻的教诲，使我懂得了一个革命战士如何对待失败和挫折，如何对待个人的得失。我再也不打算用语言申辩自己所受的冤屈、打击，决心用实际行动表明对革命的忠诚。

一次，在贵州石阡通过一条敌人的封锁线时，军团直属队与强敌遭遇，情况十分危急。猛烈的枪弹、炮弹和手榴弹在任弼时及其他同志的四周和头上纷纷飞过，敌人离他们只有100多米了。这时，在任弼时身边的只有军团侦察队政委王赤军、负责任弼时安全保卫的余秋里和陈琮英等七八个人，担架员只剩下我一个。大家十分着急，都为任弼时的安全担忧。任弼时十分镇静，他对同志们说："不要慌乱，翻过山头，那里就是'大地方'了，贺龙同志的部队就在那里！"余秋里立即分配任务："矮子，快背上任弼时同志上山！"话音未落，不由任弼时分说，我背起他，把他发肿的双腿往胳膊上一挂，便"腾！腾！腾"地跑起来。余秋里在后面掩护，见我"呼哧、呼哧"直喘气，想换着背一下，我说声："换啥！"继续不停地往山上爬。拂晓，终于到了"大地方"，原来是一个几户人家的小村落。这时任弼时到了安全的地方，我却筋疲力尽，一屁股坐在地上起不来了。任弼时爱抚地拍着我的肩膀说："好险！好险！是矮子同志救了我的命啊！"我说："不要这么说，要说救命，你才是挽救我们受迫害同志的救命恩人！是劳苦大众的救命恩人！"

1934年10月底，经过两个多月的转战，红2、6军团终于在黔东会师。不久，传来了遵义会议的喜讯，"左"倾机会主义路线的统治终于结束。红2、6军团在中央正确领导下，连打胜仗，建立和发展了湘鄂川黔根据地。在大庸一次党员大会上，任弼时在讲话中，专门讲了我的问题，鼓励我对党要坚信不移，革命到底。从此以后，我手中又有了一把大刀，有了拿武器的权利。不久，在一次战斗中，我抡着大刀缴获了一个敌营长护兵的手枪和一枝自动步枪。这些缴获当即都交给了上级，而我抡着大刀继续战斗，直到红二方面军开始长征，也没有丢弃这口大刀。我认为这把大刀标志着党和人民对自己的信赖和期望，也记录着我和任弼时不同寻常的一段交往。

（毛少先）

从伙夫到训练科长
——任弼时与余家海

1934年10月红6军团与红2军团胜利会师后，任弼时着手进行部队建设的新课题之一是：消除历史遗留的肃反扩大化在2军团中的恶劣影响，并着手进行整顿，平反错案，恢复一些同志的党籍，重新任用一些被撤职的干部。

一天，任弼时和贺龙去看望2军团的战士，恰巧遇到一场阻击战。敌人想抢占我军扼守的一个制高点。2军团的两个机枪手踞守在山坡上，机枪在响，但由于机枪手枪法不准，命中率不高，压不住进逼的敌人。敌人越来越近了，可我们的战士还只用步枪和手榴弹还击。

正在紧急时刻，伙夫送饭来了。只见他饭担子一撂，一个箭步蹿上去，接过机枪"哒哒哒"一排子弹过去，立时敌人倒下一片。

站在不远处的任弼时全都看在眼里，真真切切。他扭头不解地问贺龙："这个伙夫怎么打得这么准？"贺龙说："他是在苏联学过打枪，开坦克的。""那怎么让他当伙夫？"任弼时问。"哼！没杀他就是好的。"说着，贺龙便简要地介绍了这个伙夫的情况。

原来，他叫余家海，是上海工人，从苏联学习军事回来，先是分在红3军当干部，后来有人说他是什么"改组派"，整了好几天，最后被撤职做了伙夫。

任弼时听罢，沉吟了好一会儿。

战斗胜利结束了，任弼时与贺龙商量了一下，立即派人把余家海叫到军部，当场宣布："余家海同志，军部决定，任命你为训练科长，专教打机关枪！"

"我？"余家海惊愕地指着自己。

"对，不错！"任弼时充满信任地注视着他。

余家海好像不相信眼前的事是真的，不由得望了望两边的同志，大家也不禁交头接耳，喜形于色。

贺龙一挥烟斗："愣什么？立刻执行！"

余家海这才醒悟过来，双手紧紧地抓住围裙，激动的泪水夺眶而出，庄重地向任弼时敬了一个标准的军礼……

（徐亦农）

我所听到的遗教
——叶蠖生的回忆

1941至1942年在延安，因为工作关系，我每星期都有机会去看任弼时一次。在他那里，常有一些在二方面军工作过的同志聚会。在我们谈过去工作和讨论目前工作的过程中，弼时给我留下了不可磨灭的印象……

严格的组织观念，坚强的党性

有一次，吃过中饭，弼时和几个原属于二方面军的同志跟我谈到一次冒险反复成功地突破敌人封锁线的事。那是在1934年初冬，红军为北上抗日，开始突围长征。弼时领导湘赣边区的红6军团，比中央红军早一个多月出发，作为北上的先遣队之一。等到中央红军也突围长征时，两下虽隔着很远的距离，但从无线电指挥中6军团还要担负配合中央红军的任务。这时，敌人在前进路上布下层层封锁线，我军只能用机动灵活的办法找出敌人的弱点，猛然地突过。如果我军的行动被敌人知道了，或者在兵力集中地方去突围，一定会遭受很大的损失，甚至会被敌人消灭。有一次，当6军团刚刚突破封锁线，越出危险地区时，接到中央的电报要他们返回去配合中央红军的行动。这一下问题就严重了。回去吧，敌人追兵正集中在突破口上，再突过一次，就有遭受重大损失甚至被消灭的危险。不回去吧，怎样来配合中央的行动呢？按照当时情况，中央发命令的时候不知道这边的敌情。为着本军的安全，可以发电请求中央改变返回的命令。可是弼时并没有这样做，他坚决率部重新返回，避开了敌人的围攻，完成了中央所给的任务。他笑着对我说："差1小时，我们就有被包围消灭的危险。"他虽然没有向我解释为什么一定要冒这样大的危险，但却给了我一个极深刻的教训。当你现在在北京城里工作时，服从上级命令是一件简单的事情；可是，当你率领着几万大军，面临大敌的时候，服从上级命令就不是一件简单的事情了，你要考虑自己的生死问题，更要考虑全军的生死问题。假如不是党性极强，组织观念极强，认识清了全体利益高于局部利益，宁愿牺牲一肢保存全体的人，你就会对执行命令打折扣，你就会迟疑顾虑，失去时机。许多同志在考虑个人问题时也许能够把个人利害置之度外，但在考虑到他所担负的一部分工作的时候，很不容易让自己所在的局部利益去服从全体的利益，就会犯本位主义的错误。

虚怀若谷，功成不居

土地革命战争时期，敌人第四次"围剿"时，洪湖区的红2军团被迫突围，有很长一段时间在湘鄂川黔四省边界上进行游击战。在长期动荡的生活中，红2军团发现了自身很大的缺点：内部互信不足，党的组织涣散了，政治工作停止了。几位领导红2军团的同志对这种现象很焦急，却想不出克服纠正的办法。弼时领导红6军团和红2军团会合之后，成立红二方面军，重新建立了党的组织，恢复了政治工作，建立了互信。红二方面军经过他的整顿，军威大振，接连获得很多胜利。有一天，我和弼时谈起这个问题，问到他整军建党的经验时。他马上对我说："你说得太过了，我没有做这么多的事情，我介绍你和另外几个同志谈谈吧。"他知道我和原6军团的干部们熟悉，恐怕他们夸大他的成就，所以介绍给我的同志都是原2军团的。可是，他们对于弼时整军建党的贡献谈得更多。弼时从来不把这方面的成功作为是自己的功劳，而认为这都是党中央领导正确的功劳，是2军团领导同志的功劳。他不愿意人们把这些功劳归给他，更不愿意让原6军团的同志们认为这些功劳应归给他。

倾听下情，循循善诱

有一次，我和弼时谈起边区机关和部队中存在的缺点，他一言不发地倾听着。我以为这一定是我提出的材料很深刻、很新鲜，才引起他的注意。等到我谈完之后，他一条条分析给我听，哪些缺点已经克服了，哪些缺点在不得已情况下无法立即克服，只能等待时机成熟，才能完全纠正。这时候，我才发现他知道的比我更多。他如此倾听，并不是因为我所谈的材料真的新鲜和深刻，而是为着不打击下面同志提意见的热情。他满可说一声"我早知道了"，来打断我的谈话。他不这样做。他希望从一百句话中听到一两句有用的话，他耐烦地听下去，细心地给我解释，即使我的话毫无可取之处。他这种倾听下情、循循善诱的态度，深刻地教育着每一个干部。

（叶蠖生）

抢 救
——王鹤滨的回忆

任弼时在中央书记处五位书记中是最年轻的一位。我第一次见到任弼时是在1946年的初夏，傅连暲带我去枣园，为弼时配眼镜。在枣园的北山坡上，有一排向阳的窑洞，靠东侧的三间窑洞，用土墙围成一所院落，大门开在东南角，此处便是任弼时的寓所。他的西邻是毛泽东住的院落，像农家住户一样。

第二次看到任弼时，是在河北平山县峡峪村旁的马路上。马路的西头便是东柏坡和西柏坡了。一辆吉普车开了过来，我急忙闪在路旁，吉普车在离我数米远的地方停住了。任弼时从车上下来，走到我面前。

"王医生，你到哪里去？"首长关心地问我。我真佩服他的眼力，只见过一次面，就记住我了。

"我去朱豪开会。"我恭敬地回答。

"听说你们在批斗×××同志是吗？"

"是，我去参加批评×××同志的会议。"

"你去告诉你们的领导，对×××同志的生活作风问题，不要大张旗鼓地开批斗会，这是把人搞臭的办法，他认错就算了。"

"是，弼时同志，我转告！"我心想，首长任弼时消息真灵通，机关的小事他都知道了，而且很关心，并保护犯错误的同志不被搞得太过分。

1949年春天，中央机关进入北平。任弼时因患高血压，曾在玉泉山休息，傅连暲带我去看过他。之后，香山门诊部派了刘佳武同志担任他的临时保健医生。我调到中南海工作后，经常去看望他。那时，他住在景山东街路东的一所小院落内，此处倒也安静。

弼时刚刚从苏联疗养回来不久，由于在苏联进行登山运动和限制饮食，瘦了很多，与在玉泉山休息时比简直判若两人。

弼时见我来看他，便对我说："王医生，你看我瘦得多了吧。在苏联疗养期间，每日爬山，限制饮食。"接着他指着吃得精光的碗、碟子说："规定的饮食，我都吃光了。"任弼时非常认真地执行苏联专家给他规定的食谱，也非常认真地向我介绍他的病情。

我测量了弼时的血压，仍然很高，就说："弼时同志，你的血压仍然很高，工作负荷不能太大。"

"目前没办法！"他思考了一下说。

量血压时，弼时看到我用手指按着摸球的排气孔，他发现排气孔上的旋盖没有了。于是，他把血压表拿进了卧室，两三分钟后，又把汞柱式血压表拿回会客室的餐桌上。

"王医生，你试试看如何？"首长微笑着指了一下血压表。原来他用了一个牙膏袋上的旋盖，安装在血压表膜球的排气孔上。当时，我立即感到羞愧和感激，心想，我为什么就没有想到这个办法呢？我试了一下很好用。

因为抗美援朝战争爆发，弼时的工作负荷越来越重了。他不分昼夜地紧张工作着……

一天，我正在吃午饭的时候，任弼时首长的卫士郭仁匆匆地走进食堂，找到我焦急地说："王医生，快去！弼时同志病了！"

我急忙来到景山东街弼时的住处。在北房会客厅里，弼时半坐在床上，已经不能说话了，面部显露出焦急的神态，只能用眼神来表达感情了。首长是在考虑着抗美援朝的战争，因为工作过度紧张，发生了突然的脑溢血。

病床周围已经有了好几位北京医学界的名流，除傅连暲、金茂岳、力伯畏等同志外，尚有协和医院的著名教授张孝骞、刘士豪，北京医院的心血管专家吴洁主任，医疗方案由金茂岳和我执行。

脑脊液检查，脊髓液像血一样，说明脑出血是大量的。

对任弼时病情会诊后，专家都不愿说出肯定的意见，多是安慰的语言。

杨尚昆同志焦急地问我："鹤滨同志，你看弼时同志的病情怎么样？"

"病情很严重，脑出血量太大，恐怕不行了。"从当时的医疗措施看，确实无法挽回弼时的生命。如果那时有现在的先进设备，能确定出血部位，作开颅术止血，或许有希望康复。或者有现代的医疗水平，采取中西医治疗方法，止血、降脑压，也许会有转机，脑出血可能会止住。

弼时的病情越来越重了。最后，卫生部副部长苏井观带着针灸学女专家朱琏赶来了。苏井观和朱琏提出对病人进行针刺急救，征询家属的意见，任弼时夫人陈琮英带着沉痛、忧愁的面容说："死马当活马医吧！"

朱琏同志将银针刺向患者的人中，施针抢救，但未能奏效，任弼时同志终与世长辞。

在场的同志们都哭了。弼时过早地离开了我们。

（王鹤滨）

启蒙老师
——任弼时与魏兰春

现在，孩子们的启蒙老师大多是父母或幼儿园老师，可魏兰春的启蒙老师却是任弼时。一天，农村姑娘魏兰春走进了任弼时的家——延安的一孔普通的窑洞。她是来做任弼时小儿子远远的保姆的。

初到任弼时家，小魏有些拘谨。尤其是见到任弼时就更加紧张，生怕说错话，办错事。为了消除小魏的紧张感，任弼时主动接触她。

一次，他叫住魏兰春："小魏，你识字吗？"

"不识。"魏兰春摇摇头腼腆地说，"俺是乡下人，家里穷，没上过学。"

"哦！那就现在开始学吧！"任弼时笑眯眯地引导她，"小魏呀，不论干什么事没有文化可不行。你不认字，我可以教你。来，我先教你学魏兰春3个字吧。"说着，任弼时就在地上一笔一画地写起来，并嘱咐魏兰春好好记住自己的名字是怎么写的，过后还要再问她。

魏兰春并没在意。她想任弼时是中央领导，忙着呢，哪顾得上教她学文化，不过是说说罢了。任弼时走后，她便把识字的事忘到脑后。

晚上，任弼时开会回来，就问小魏："上午教你的字，学会了没有？"

魏兰春一愣，又赶忙说："会了。"

"那好，我来考考你。"说着，任弼时就在地上又写了"魏兰春"3个字。

因为小魏白天并没用心记，所以，她看着这3个字发急，窘得满脸通红，却怎么也认不出。任弼时赶忙平和地说："不要紧，我再教你几遍就会了。"任弼时不厌其烦地又教小魏念了几遍，并给她分析了这3个字的字形组合。随后，任弼时又把勤务员袁振山叫来，说："小鬼，交给你一项任务，给小魏当识字老师，每天教小魏学 3 个字，要保证会写，会念，会讲，会用，能做到吗？"

袁振山说："能。"

从这以后，魏兰春就开始了识字。起初，每天学 3 个字，后来就增加到 5 个、10 个……

魏兰春越学越上瘾。一到晚上，她把远远哄睡之后，就一个人坐在灯下开始学起来。任弼时常常隔着窗子喊道："小魏呀，快睡吧，明天再学。"

任弼时不但手把手地教魏兰春识字，还带她随部队去打靶，并且常亲切地对她说："要革命就要长本领，不会打枪、没有文化怎么行呢？"

后来，组织上又送小魏到文化补习班学习。每逢她放假回来，弼时都要出题考考她。在弼时的关怀下，兰春学习进步很快，枪法也大有长进。魏兰春心里热乎的，她总想：首长关心俺们工作人员就像慈母关心儿女一样啊！

(于 凡)

青年的导师

——任弼时与何启君

何启君是我党老一代青年团工作者。在中国新民主主义青年团创建过程中，他与任弼时有过一段不平常的工作接触。每每回忆起这段往事，何启君总是感慨地说："弼时同志是青年的导师，是一代伟人啊！"

1946 年 5 月，山东解放区青年工作干部杜前、马仪、李云清、李诚等同志，遵照陈毅的指示，到延安来向党中央汇报工作。

当时，在中央青委工作的何启君热情地接待了他们，并把他们的来意向党中央负责青年工作的任弼时作了汇报。

任弼时对何启君说:"山东的同志远道而来,路上很辛苦,你要好好照顾他们的生活,安排好他们的住处。你们可以抽时间开个汇报会,先把情况谈一谈,顺便把解放区的青年工作也好好研究一下。"

遵照任弼时的指示,何启君和山东几位同志一连谈了好几天,他们谈了山东解放区的青年工作情况,同时还谈了太行、晋绥和晋察冀等地的青年工作情况。在和这几位同志谈完后,何启君归纳了他们的谈话内容,准备向任弼时汇报。

5月的延安,阳光明媚,野草吐绿,柳枝滴翠。人们喜悦、振奋,心间似有一簇火苗跳跃着。何启君骑上一匹马,沿着枣园川,傍着延河谷,奔向枣园任弼时的住所。

这是何启君自调到中央青委工作以来第一次向任弼时正式汇报工作,心情多少有些紧张,但他却充满了信心。因为他知道任弼时是一位非常平易近人的领导。对待同志,他的脸上总是挂着温暖和善的笑容,热情地同你打招呼、握手,亲切地让你坐在他的身旁。任弼时总是把中央青委的年轻同志当做政治上同他完全平等的一个党员、一个同志和一个朋友。谈话时,他总是凝神注目地静听着你的述说。他不大插话,不喜欢打断别人的发言。他喜欢和习惯于听别人讲话,同时,边听边分析、判断。这中间,绝无漫不经心的神态。你的发言结束后,他才说说他的分析、他的见解,回答你最需要解答的问题。他常常用商量的口吻对你说:"你看,这样好不好?""是不是这样的?"所以,再拘谨的工作人员在弼时面前也感到轻松。

一个多小时之后,老战马把何启君驮到了任弼时的住所。这是一排青灰色的窑洞,窑洞里白灰抹墙,灰砖铺地,明光洁净。窑洞前是一排青翠的树林,一条小溪,清清的溪水从这儿潺潺流过。这是个恬静、幽雅、素朴的地方。

果然,任弼时明白了何启君的来意后,马上端坐在一把帆布椅上,露出了全神贯注的目光和耐心倾听的神态。何启君原本有些紧张的心情顿时平静下来。他心里想:我汇报的情况首长很重视,我应该讲得更清楚些,更充分些,更好些。于是,他便放心大胆、滔滔不绝地讲了下去。

何启君谈到：目前许多地区的青年组织名存实亡，处于取消或半取消的状态。青年工作干部也没有明确的任务，不知道该干什么，因而普遍不安心。据此，何启君尖锐地提出一个问题：要么干脆明令取消现有的这些青年组织，以便使这些工作人员去做党的其他工作；要么就从根本上采取措施，加强青年工作。

在何启君持续两个多钟头的汇报中，任弼时始终默默地听着。他的明亮的双眸和英俊的眉宇间，不时展现出紧张思索的神态。

在思索趋于成熟之后，他缓缓地平静地说道："你们反映的情况很全面，也很重要。青年工作再这样下去，肯定是不行的。但问题是怎么解决好呢？是不是可以考虑把先进青年组织起来，搞个青年团，怎么样？这个问题，你回去再跟大家研究研究。"

一听说要成立青年团，何启君的心里好像照进来一缕明亮的阳光。对呀！搞个青年团，不就可以组织广大青年更有效地学习和工作，更好地发挥党的助手的作用了吗？我们怎么就没有想出这个好办法来呢？

何启君回到中央青委后，传达了任弼时的指示。青委的同志和山东来的青年工作干部以及陕甘宁边区青年联合会的主要负责人王治国一起，对建团问题进行了热烈的讨论，并委托何启君再次向任弼时汇报。

何启君第二次向任弼时汇报是在这年的6月20日。此时春天已过，夏日初临。曾经缀满花朵的桃林，如今花落成泥，却更加枝繁叶茂起来；曾是春意满枝头的杏树，现在都已结出累累果实。

任弼时在窑洞前的树荫下接待了何启君。他紧握何启君的手，关切地问："怎么样？讨论得还好吗？"

何启君兴奋地汇报了他们讨论的初步情况，一致赞成建立青年团，并且具体地摆了建立青年团的五大好处。任弼时全神贯注地倾听着，显得很有兴致。最后，任弼时站起来说："好哇！咱们的想法基本一致。但是这个青年团叫什么名称好呢？"

何启君回答说："这个问题我们也讨论过了，但意见还不太一致。有的主张叫'毛泽东青年团'，说是这个名称响亮一些；有的主张叫'共产主义青年团'，也有的主张叫'新民主主义青年团'。"

任弼时沉思了一会儿说："我看还是叫'民主青年团'好，要面向全国嘛！要考虑全国人民和青年都能够接受。现在是民主革命时期，要想到国民党统治区的广大民主青年。你们还可以进一步好好讨论一下。"接着，他又嘱咐何启君："你把关于建立青年团的意见，很快给中央写一个正式报告，请中央考虑。另外，我也很想和山东的同志们一块儿谈谈。"

何启君骑上快马，飞驰而去。

8月25日，任弼时电话通知何启君："明天上午，请你和山东的同志们一块儿到枣园来，谈谈你们进一步讨论的意见。"

这是两孔相通的窑洞，同样是白灰抹墙，青砖墁地，中央书记处的会议室就设在这里。在窑洞中间的长条桌子旁边，坐着朱德、任弼时以及中央书记处其他几位同志。何启君走过去，把山东的四位同志一一向朱德、任弼时做了介绍。朱德、任弼时都从座位上站起来，亲切地和每一位同志握手，并且逐一询问："你是做什么工作的？""在哪个地区？""你是山东哪个县的人？"当马仪回答说"我是胶东黄县人"时，任弼时高兴地笑起来，说："噢！黄县，知道！知道！蓬（莱）、黄（县）、掖（县），这都是很有名的地方嘛！这个地区在山东是建立革命政权较早的地方，在创建山东解放区的斗争中，起了很大的作用哩！"

任弼时的精神特别好。他坐在朱德和徐特立中间，用欢快的语调说："今天，我们的总司令，我们书记处的同志，同青委和山东的同志一起，谈谈关于建立青年团的问题。何启君同志，你先讲好不好？"

何启君在这样隆重的场合里做汇报还是有生以来的第一次，因而他又有点紧张、拘谨，说话也有点磕磕巴巴。任弼时随便地笑着说："别紧张，把你们的意见都充分地讲出来。"

何启君呷了一口水，竭力使自己的情绪平静下来。他扼要地汇报了他们讨论的全部意见。在谈到团的名称时，他说："我们的意见，还是叫'新民主主义青年团'好，因为我们目前的任务，就是要为新民主主义而奋斗嘛！"说完，他特地扭头看了看任弼时的脸色。

弼时还是那样平静而坦然。从他的脸上，丝毫也看不出由于青年们没有依从他起初命名的"民主青年团"而有任何不满的表情。

汇报结束后，任弼时请朱德讲话。朱德热情地肯定和支持建立青年团的倡议，同时对青年团的任务、方针、工作中应注意的事项和应防止出现的偏差等问题,都谈了非常重要、非常中肯的意见。

任弼时在最后的发言中,系统地回顾了中国青年运动的历史经验和教训,同时又谈了他对建立青年团的一些具体的设想。最后他说:"过两天,我还要把我们今天讨论的意见,去向毛主席讲一讲,看看他还有什么指示。"

几天以后,任弼时告诉青委,毛泽东表示赞成建立青年团,但还需征求一下各解放区领导同志的意见,最好先搞几个试点,然后,中央再正式做决定。任弼时还说,过些天,中央还要开会再讨论一次,你们要准备向中央汇报。

9月13日,留在延安的中央委员、政治局委员、中央书记处的领导同志、西北局的领导同志和中央机关各部门的负责人,都集中到枣园来开会,专门讨论如何建立青年团的问题。大家一致赞成建立青年团,并且决定按照毛泽东指示的精神,立即开始建团的试点工作。

1949年4月,中国新民主主义青年团正式建立。任弼时被选为中国新民主主义青年团中央委员会的名誉主席。

经过建团的一段工作接触,何启君对任弼时产生了很深的感情。当他得知任弼时逝世的消息时,禁不住失声痛哭。现在每每谈起任弼时,他也总是抑制不住自己的感情,流出热泪。为了纪念任弼时,他在任弼时诞生80周年纪念日后,开始着手撰写《青年团初建》一书。经过3年多的辛勤劳动,终于完成了这部著作。

(倪 真)

"这才是人民县长的样子"

——任弼时与田永祥

第二次国内革命战争时期曾任湘鄂川黔省永保县苏维埃主席的田永祥,一直记着,在他的成长过程中,任弼时曾对他进行过一次深刻教育。

1934年秋,红6军团与红3军在黔东会师后,任弼时在抓党组织建设的同时，又抓了湘鄂川黔省各级地方政权的建设和巩固。1935年1月湘鄂川黔省政府在永服塔卧召开5县苏维埃负责人联席会议，即第二次省委活动分子会。

这天大雪纷飞，天寒地冻。永（顺）保（清）县苏维埃主席田永祥身穿一件打土豪分来的皮大衣，头戴绒帽，手戴3个金戒指，踏着大皮靴，摇摇摆摆地走来了。他是打铁匠出身，土族人，十万坪战役中曾积极为红军带路，从此参加革命，是湘鄂川黔苏区第一个党支部龙家寨支部书记，当时只有19岁。龙家寨乡苏维埃成立时，他任苏维埃主席，不久被提拔为永顺县财政部长；永保县建立时，又任县苏维埃主席。

任弼时、王震等出门来迎接代表。有个干部指着田永祥向任弼时说："这就是永保县苏维埃主席田永祥。"

"好啊！"任弼时热情地走过来和田永祥握手，将他上下打量了一下，哈哈大笑地对大家说，"看！还真有个县长样子哩！国民党的县长，恐怕也只能是这个样子吧！"

王震和大家都一齐笑了起来。

田永祥听出了话中的意思，脸刷地一下红到了耳根。

任弼时是个细心的人，见此情景也就不再说什么了，只是要田永祥去烤烤火暖暖身子，准备开会。

会场上挂着列宁的像，田永祥还是第一次见到，就问："这个老头子是什么人呢？"有人告诉他："他叫列宁，是革命导师。"这次会上，任弼时做了报告，他谈到了日本帝国主义侵略中国后的国内外形势；谈到了毛泽东和党中央的正确领导；并布置了下一阶段的工作。会后，红军战士们表演了节目。晚会搞得很热闹，唱《十送我郎当红军》、《拥护苏维埃》、《蒋介石成了什么样》等歌。任弼时也为大家唱了一支军歌。

会上的这些情形田永祥一直记忆犹新，但更使他难忘的是会后任弼时对他的一席谈话。

晚会结束后，任弼时走到田永祥面前，拍着他的肩膀笑着说："小田，我们谈一谈好吗？"

任弼时把田永祥引到自己的房子里。进了屋，田永祥的脸更红了，因为他看到任弼时的生活是多么简朴啊！这是一间木制的板房，房里陈设很简单，只有一张床，一床灰布棉被，一条灰布军毯，一口木箱，一双旧套鞋，一张旧方桌，桌子上摆着一大堆书，这是他田永祥看不懂的。壁上贴有列宁的像和一张地图，外面有部电话机子。

这时任弼时已经给田永祥递来了一杯热茶，又招呼他坐下，然后说："小田，你是打铁出身的吗？"

"是的。"

"小田呀，现在好啦，你当了人民的县长。不过，你可不要忘记自己是铁匠出身啊。你要知道，革命才开始啊！"

田永祥惭愧地低下头，望着那杯热茶。

"你读过书吗？"

"在私塾读到'学而'什么'悦乎'，就没读了。"

"那还是读过一点喽，这很好。搞革命没有文化知识是不行的。政治、经济、军事都要懂一点，特别是要学好马克思、列宁的理论……你看贺老总、王震同志他们，文化水平本来不太高，但都在发狠学习。"

说毕，任弼时赠送了几本书给田永祥，其中有《土地改革法》、《红军作战术》和一些文件。

"政委，你放心吧！"田永祥临走时说。

任弼时信任地点了点头。

后来，田永祥再次来省委开会，穿的是粗布褂，扎的是布头巾，完全恢复了田铁匠的模样。任弼时见了高兴地在大会上表扬道："对！这才是人民县长的样子！"

（樊　星）

"我要向毛主席报告"
——张仲实的回忆

每当我看到毛泽东同志给刘胡兰烈士的题词"生的伟大，死的光荣"

时，我便想起转战陕北中我向任弼时同志汇报的情景。

1947年初，王震部队和陈赓部队接连打了好几个胜仗。为了进一步激励前线将士英勇杀敌，彻底粉碎蒋介石对解放区的大举进攻，延安各界组织了慰劳团。崔田夫代表边区工会任团长，我和黄静波分别代表中直机关和陕甘宁边区并任副团长。我们带着四卡车羊肉，东渡黄河，到这两支部队驻地山西离石县和孝义县慰问。之后，在下连队慰劳的过程中，我来到了山西文水县。在县委会议上，有同志在汇报中提到这个县云周西村刘胡兰同志大义凛然，壮烈牺牲。我说："刘胡兰同志的事迹，是我们进行政治思想工作的好材料。"为了确证无误和了解详细情况，我请新华社随团记者缪海稜和陕甘宁边区妇联的一位同志前往该村调查。这两位同志辗转找到了被阎匪军胁迫参与行刑、铡死刘胡兰同志的那两个人。那时，这两人正在拆城墙，他们向缪海稜等两位同志提供了详细情况：1947年1月12日，阎锡山的军队突然袭击云周西村，刘胡兰同志被逮捕。她在敌人面前神色坚定地说："只要有一口气活着，就要为人民干到底！"阎军计穷，遂将同时逮捕的6个农民当场铡死。但这并没吓倒刘胡兰。她从容地躺在敌人的铡刀下，厉声痛斥敌人："死有什么可怕！"她视死如归地对行刑人说："铡刀放得不正，放正了再铡。"说完，壮烈牺牲。我们回延安途中，遇到了当时担任晋中地委书记的解学恭。我对他详细讲了刘胡兰的英勇牺牲，并建议大力宣传。他要我为刘胡兰写篇碑文。我说："等我回到延安后请中央领导同志写。"

我们慰劳团一行返回陕北时，党中央机关已于前一天撤退到了瓦窑堡。第二天，我在那里找到了任弼时。中央工委和后委离开陕北后，中央机关组成中央直属队，任弼时任司令员，陆定一任政治委员，负责党中央的安全保卫工作。此时任弼时不仅要同毛泽东、周恩来一起研究部署我军的战略行动，指挥全国各个战场作战，还直接负责党中央机关的居住、安全警戒、物资供应、敌情侦察等一些具体事情，又还要做大量细致、复杂、耐心的思想工作，真可谓日理万机，不稍闲暇。但是，任弼时仔细听取了我关于慰问团工作的汇报和刘胡兰悲壮牺牲的情况反映。他听完汇报后，当即对我说："刘胡兰同志英勇就义的事迹，对全党全军，对全体人民群众特别是对青年，都是一个很好的政治思想教育材料，我要向毛主席报告，要大力宣传。"第二天，任弼时就向毛泽东反映了这一情况。毛泽东怀着沉痛的心情，悼念刘胡兰为革命慷慨牺牲，挥笔写下了"生的伟大，死的光荣"八个大字。新华社播发了刘胡兰的英雄事迹。一个向刘胡兰学习，忠于党、忠于革命、忠于人民，勇于为革命献身的热潮迅速兴起。

（张仲实）

"革命的儿子"
——任弼时与刘允若

1945年，刘允若第一次见到任弼时，那是他刚刚到延安的时候。刘少奇把他领进一间休息室，只见一个眉毛浓黑、鼻子底下有一撮小黑胡子的人，躺在软榻上看报纸。刘少奇轻声地告诉允若："这是任伯伯。"

因为是第一次见面，刘允若显得很害怕，尤其怕那鼻子底下的一撮小黑胡子，只轻轻地叫了一声"任伯伯"。听到招呼，任弼时立即站起身满面笑容地迎上前来，拉着允若的手，叫他坐在自己的腿上。一下子，拘束感全无，坐在弼时腿上的刘允若感到任弼时那么可亲、可近，和威严的小胡子相反，任伯伯是个慈祥和蔼的人。第一面，任弼时就一口一个"小毛娃子"地叫他，要么就叫他"革命的儿子"。

1947年，胡宗南大举进攻延安，中央机关撤出城。刘允若与任弼时的大女儿任远志一起跟着学校撤退。在一个不大的镇子里，允若和远志一起来到任弼时身边。

任弼时告诉刘允若："你爸爸已到晋察冀去了。"刘允若不知晋察冀有多远，一心想见爸爸，便哭着跟任弼时要爸爸。任弼时哄着他说："做我的儿子吧，以后就叫我爸爸好了。"到了第二天，刘允若仍叫"任伯伯"，任弼时笑着说："叫错了，叫错了，应该叫爸爸。"一句话，把周围的人惹得哄堂大笑。

那时，允若还小，很顽皮，晚上不肯早点睡觉。任弼时总是像哄小孩一样，把允若送到床上安顿好，有时还许诺说："早点睡，明天早点起，我们一起打野鸡去。"

每天吃罢晚饭，任弼时就一手拉着允若，一手拉着远志到野外去散步。当时，他们住在半山上的一个小村子里，山脚下有一条小河，任弼时经常坐在河岸上给孩子们讲革命斗争故事。

一天，当任弼时讲到允若的妈妈怎样在南京被蒋介石判处死刑时，刘允若伤心地哭了。任弼时爱抚地摸着允若的头说："不要哭，要懂得憎恨，要化悲痛为力量！"

由于处在战争环境，不久，任弼时又把允若、远志、远征送到晋绥。后来，允若又去了晋察冀。

北京解放了。允若又在北京见到了任伯伯。可是，这时任弼时的血压已高到200多了，身体很不好，但仍很关心刘允若，仍叫他"毛娃子"。

一个星期六的下午，允若去看任伯伯。

任弼时问他："加入青年团了吗？"

"加入了。"允若回答道。

"你知道一个青年团员应该做些什么？说说看！"

"团结广大青年群众，在各种工作中起模范作用；青年团是党的助手，要协助党的工作……"刘允若对自己的回答不禁沾沾自喜。

"哈哈……"任弼时笑了，"你背得还不熟。你是学生吗？学生应该把功课学好，忘记了吗？"这时，允若窘住了，顿时觉得脸颊火辣辣的。

回去后，刘允若把"青年团的工作与任务"好好地读了几遍。

（彭幼文）

把监狱变成学校
——任弼时与柳湜

新中国成立前，国民党政府安庆市饮马塘看守所是羁押未判犯人的场所，有四栋主要监房（俗称号子），以"知"、"过"、"必"、"改"四个

字为代号。每栋监房有 10 多间牢房,每间关押四五个人。此外,还有病监和女监。政治犯大部分都关押在"知"字号里。

1928 年 8 月,入党只半年多的柳湜(原名柳克立),因叛徒出卖而在芜湖被捕,关押在饮马塘看守所"知"字号里。他原是中共安徽省临委秘书,以纸烟店老板身份作掩护,往返沪皖,机智勇敢地开展地下活动。

入狱不久,在"知"字号里,他结识了任弼时(化名胡少甫)。任弼时是奉党中央指派到安徽巡视工作,在南陵县不幸被捕的。因无证据和口供,只好作为政治嫌疑犯,又因国民党政府对政治犯最后审判权属于省一级法院,致使任弼时在南陵被关押了数日即解往安庆,关在饮马塘"知"字号。

在候审期间,任弼时除了帮助普通犯人分析案情,查翻法律外,表面上很少同政治犯交谈,也不翻看任何政治书籍,举止言谈都符合他在法庭上的应付——长沙伟伦纸庄学徒。暗中,他却通过党的骨干了解狱中情况,指导狱中斗争,对同牢的柳湜帮助最大,尽管柳湜当时并不知道胡少甫就是任弼时。

柳湜本是个热血青年,又入党不久,因此,在审讯中激昂慷慨,痛斥敌人。但柳湜的案子敌人已截获物证,又有叛徒当面对质。任弼时分析,尽管柳湜坚贞不屈,严守党的秘密,但马上出狱是没有希望的。他告诉柳湜,年轻人有个缺点,就是急躁,总想马上冲出监狱。当然,能冲出去固然好,但明明没有这个条件,就要准备坐牢,利用坐牢的时间学习革命理论武装和提高自己。他不同意有些同志受急躁情绪支配,在审讯时发脾气,骂国民党,这于事无补。他说,你不承认是共产党,这一骂就变得承认自己是共产党了。要善于同敌人辩论,进行说理斗争,争取不判死刑,过好狱中生活。任弼时还嘱咐柳湜,要他利用国民党内的派系矛盾,避免采取过左的做法,争取无罪释放。

不久,因任弼时无论在南陵还是在安庆都未供出自己的真实姓名和身份,使敌人无法定案,加之陈琮英受党组织委托在监外营救,最后,因证据不足,敌人只得令任弼时交保释放。

出狱后,任弼时等同志通过党的外围组织互济会和各种可供利用的社会关系,向狱中送进不少中外文政治理论、文化科学书籍,指导和帮助狱中同志开展有组织的学习马克思主义的活动,把敌人的牢房变成革命的学校。

柳湜被钉上 10 斤脚镣，投入牢中。在狱中，他经受了种种折磨，始终保持了一个共产党员的崇高气节，赢得了同狱难友的信任。他在狱中被选为党支部书记，按照任弼时的指示，同敌人进行了坚决而有策略的斗争，并把监牢变成了学校。加之他入狱前就已经有了较深的文学、历史、外语基础，在学习上他进步很快，不仅第一次精读了《资本论》第一卷，系统地学习了马克思列宁主义的基本理论，而且广泛地阅读了各种政治、经济、科学文化书籍。这成为他出狱后从事党的文化工作和理论宣传工作的基础。

（彭幼文）

慈父严师的教诲
—— 任弼时与任振声

任振声，是任弼时的父亲，一个奔波忙碌了一生的乡村教师。

在任弼时老家塾塘乡，任家也算是个名门望族了。方圆几十里，谁不知道任家是世代书香！过去，虽说任家并没有人考取过功名（任振声年轻时考秀才未中），但世世代代对读书识礼都非常重视。100 多年来，任家的堂屋里，一直挂着两块巨大的匾额，一块上面刻着"光照壁水"，一块上面刻着"望重龙门"。"壁水"、"龙门"都是指教化的典故。据说，历史上任家出了一位名叫任昉的人，才华出众，满腹经纶，一生从事教育事业，培养了很多有识之士。从那以后，任家就有了一条不成文的家规，无论如何，也得教孩子们读书识礼。清末，任家逐渐败落，田地越来越少了。可是，家里的藏书却越来越多。老人们并不为此而感到懊恼，相反却为他们发扬了传统家风而高兴。年年春节，任家的大门口总是贴着一幅多年不变的对联："耕读传家久，诗书继世长"。任振声正是基于这一传统的认识，20 多年中，一直安于清贫的教书生活，并且坚信自己的选择是正确的。

父亲潜移默化的影响在任弼时成长过程中起了重要的作用。

一

任振声对于任弼时来说,既是慈父又是严师。

任弼时4岁的时候,就在父亲的指导下开始练习写字。因为人小,坐到椅子上够不上红漆书桌高,他就把小凳子放到大椅子上,爬上去再写。有一次,小凳子滑倒了,他从上面摔下来,手臂碰破了皮。但他一声不吭,重新爬了上去,坚持抄完一页纸的字。

严厉的父亲要他悬臂练习柳公权的字帖,抄写诸葛亮的《前出师表》,韩愈的《送董邵南序》、《原道》等古典文章。任弼时以顽强的毅力练习着,常常得到邻居的称赞。

每当写完字,画完画,任弼时就缠着父亲讲故事。每逢这时,严厉而沉默寡言的父亲便显得慈祥和活跃了。水烟袋里的烟烧个不停,眼里射出明亮的光辉。他绘声绘色地讲述着我国的"四大发明",宋朝的岳飞,明朝的李自成等,这些故事在任弼时幼小的心灵里留下了深刻的印象。

任弼时十分惊奇,父亲为什么会有这么多讲不完的故事。这个谜后来终于解开了,并给了任弼时很大的启迪。

儿时的任弼时除了经常听父亲、母亲讲故事外,还经常听隔壁老长工李大爷讲故事。有一次,任弼时问李大爷:"您怎么能够知道那么多的故事呢?"

李大爷笑着说:"我这都是看戏看来的,听说书听来的。可惜我不识字,不能念书。要不然,我知道的故事还多呢。"

"念书?书里也有故事吗?"

"有,当然有。不信你回家问你爸爸。"

啊!这真是一个惊人的发现。任弼时高兴地拍着手说:"我们家的书可多啦,满箱满柜的都是!"

"那你就回家好好念书吧。念了书,不光能讲很多有趣的故事,将来你长大了,还能当劫富济贫的英雄,就像梁山泊的好汉们那样。"

这年春节,任振声又从外地回来了。第二天上午,他检查完了弼时的写字作业之后,就从柜子里拿出来一大摞线装书,认真地读起来。这时,任弼时走过来问："爸，你在读什么书？"

"这是《左传》。"

"我也要读《左传》！"

任振声惊奇地说："好哇！不过，这部书太深了，眼下你还读不懂，等你长大一些再读，好吗？"

任弼时想了想说："好。不过，我还是很想读书。李大爷说，书里有好多故事呢。"

"那倒是，不过，你识字不多，读不下来呀。"爸爸为难地说。

"读不懂《左传》，那你就教我读'右传'，反正我要读。"任弼时执拗地说。

任振声高兴得哈哈大笑起来："好伢子，现在只有《左传》，'右传'还没有出世呢。我看这样吧，你就先读读《三字经》、《幼学琼林》什么的，以后再读别的书吧。你不是很想当梁山泊好汉吗？那就读读那本带图画的《水浒传》。"说完，他就把书柜子的钥匙掏出来交给儿子，说："这柜子里的书，今后就全归你啦！"

打这以后，任弼时变了。一天到晚，守着他那个书柜子，翻啊，看啊，忘了吃饭，忘了睡觉，忘了玩儿……

书，打开了任弼时的心扉，他的视野开阔起来。他从书中开始间接地认识人生，认识社会，认识真、善、美……

二

任弼时的父亲是一位比较开明的人士。他对孩子们进行的启蒙教育中，灌输的基本上都是历史上勤奋勇敢和爱国的故事。因此，任弼时从小便受到了民主主义与爱国主义思想的熏陶。

有一年的端阳节，任弼时求父亲带他到汨罗江边去看赛龙船。父亲笑着答应了，不过给任弼时提了个条件："到了汨罗江边，你得给我讲讲端阳节是怎么回事，屈原是个什么样的人。"

端阳节这天早上，任弼时跟着爸爸，又约了本村的几个小伙伴，走了10多里路，来到了汨罗江边。

江边上早已是人山人海了。无数面彩旗，在黑压压的人群里猎猎飘动。江面上，整齐地停着8只大龙船。龙头高高地翘起来，威风凛凛地注视着远方。每只龙船上都坐着20多个强壮的汉子，手握长桨，庄严地等待着。不大一会儿，只听得一声枪响，远处的龙船启动了。站在船尾的指挥者，手里举着一面小红旗，一边呐喊，一边有节奏地挥舞着。坐在船舱里的汉子们，奋力划起木桨，同时齐声喊着号子："哟嗨！哟嗨！"霎时间，8只龙船像8只飞箭，齐刷刷地向下游驶来。两岸的观众敲起锣鼓，放起鞭炮，欢呼着，跳跃着，整个大地都沸腾起来了。

如此壮观的场景，使任弼时完全忘记了周围的一切。他先是急匆匆地向上游跑去，迎接龙船的到来，接着又跟着龙船向下游飞奔，把跟在他身后的小伙伴甩得老远……

赛龙船结束了，任弼时气喘吁吁地跑回到任振声的身边，小脸因兴奋涨得通红："爸，看见了吗？咱们唐家桥的船得了第一呢。真棒！"

任振声掏出手绢，擦了擦弼时额头上的汗水，又招呼其他几个孩子在一片青草地上坐下来，慢悠悠地说："弼时，歇一会儿，吃个粽子，下边该听你的啦！"

弼时爽快地回答说："我不饿，我这就给你们讲。"说着，便在小伙伴们中间坐了下来。任振声作为"听众"，坐在孩子们的身后边。

任弼时非常有感情地叙述了屈原的故事，小伙伴们听得都入了神，任振声也满意地不住点头。

任弼时讲完故事之后，任振声深沉地对孩子们说："咱们是生长在汨罗江边的人，更应该把屈原的故事牢牢地记在心里。屈原坚贞不屈的性格和热爱祖国的精神都值得我们学习。二南（任弼时的乳名），你能记住爸爸的话吗？"

"我会记住的。我是喝汨罗江水长大的，我不会给屈原的故乡丢脸的。"弼时庄重地回答着，不由自主地把拳头攥得紧紧的。

三

任弼时共有兄妹5人，哥哥早年夭亡，剩下他和3个妹妹。作为家中唯一的男孩，按中国传统古训中宣扬的"父母在，不远游"的孝道思想，任弼时应该生活在父母身边，而非投身革命了。然而，从小受父亲爱国主义和民主主义思想教育，已使任弼时树立起远大的志向，促使他走上了一条革命之路。

1921年春，任弼时即将远行赴苏学习。启程前几天，他接到父亲寄自长沙的一封来信，信中关切地询问儿子去莫事宜和谋学上海的打算。慈父记挂游子之情，感人至深。任弼时"捧读之余，泪随之下"。想到国事紊乱，家乡连年战乱，经济衰败，出路何在？父亲已是半百年纪，却仍在为家中衣食而奔波劳碌，未稍事闲心休养，而家境日趋窘迫，负担日益增加，作为父亲的长子，又是唯一的儿子，他"时具分劳之心"，常常"寝即梦及我亲，悲愁交集，实不忍言"。他非常理解慈父的一片心，但是赴莫斯科留学的决心已下，行期在即，岂能儿女情长！况且他正是在父亲的自强自立爱国救民思想启蒙下成长起来的呀！

于是，他连夜给父亲写了一封长信，一面劝慰老人家，一面表述了自己的决心和抱负，他写道：

> 千里得家书，固属喜极，然想到大人来省跋涉的辛苦，不能说非为衣食的奔走所致，若是，儿心不觉顿寒！……只以人生原出谋幸福，冒险奋勇男儿事，况现今社会存亡生死亦全赖我辈青年，将来造成大福家世界，同天共乐，此亦我辈青年人的希望和责任，达此便算成功。惟祷双亲长寿康，来日当可得览大同世界，儿在外面心亦稍安。

至于上海谋学之事，任弼时告诉父亲："儿前亦筹此为退步之计，不过均为久安之所"，赴莫即可成功，"彼即当作罢论"。

唯恐父母过分惦念，弼时宽慰父亲："儿已约定同志10余人今日下午起程，去后当时有信付回。沿途一切既有伴友同行，儿亦自当谨慎，谅不致意外发生，大人尽可勿念过远。既专心去求学，一年几载，并不可奇，一切费用，交涉清楚，只自己努力，想断无变更。"

复信投邮，弼时启程。

在莫斯科东方劳动者共产主义大学，任弼时开始了一种全新的生活：学习马列主义理论；接受严格的无产阶级政党的组织纪律训练；参加无产阶级各种大型国际会议……朝气蓬勃，奋发向上，使任弼时感到格外充实。但他也时时挂记家中的一切，有机会便付信国内，向父母汇报在外的生活以慰望念。

1924年2月，他专门用挂号寄给父亲一封信并附小照一张，还未收到回信，3月15日，因有人回国，借此之机，他又充满热情与怀念地给父母及妹妹付信："我在莫身体如常，学识亦稍有进步，饮食起居自当谨慎，你们尽可放心。"他向父亲描述莫斯科的春天："天气暖了，街上的积雪渐融化了，树木快发芽了，春天快到了，一年最快乐的时光天天接近起来。我现在正筹备着怎样好好地度过这种时光，结果如何待将来再告。"异国春景引发了弼时对故乡的春天和亲人的眷恋，他又写道："在中国已是春季，我记着我们乡下的春景，鲜红的野花，活泼的飞鸟，何等的有趣！可恨远隔异土，不能与你们共享这种幽乐！"然后笔锋一转，昂扬的革命豪情又跃然纸上："但我不惜！因为以后我们共享的日子还多。"

此信后不足半年，东行的国际列车在西伯利亚飞奔。任弼时告别莫斯科，返回祖国。他多么想回家一趟，看望一下阔别4年的父母，他们都是年过半百的老人了。他深知这几年他出国远行，全家的生活担子在老人肩上是多么沉重，他们倚门倚闾，多么渴望能看上儿子一眼！但此时恰值上海大学新学期临近，组织上派他去教俄文，一时难以走脱，只好暂时放弃探亲念头。

自此一拖，竟至1927年秋大革命失败后，任弼时作为中央全权代表去长沙调查长沙暴动失败原因，任务完成后才顺便回家乡一转。

故园阔别七载，唐家桥新屋依旧，人事已非。游子远归，心境极其复杂。

1924年腊月，父亲撒手人寰。忙于筹备中国共产主义青年团第三次全国代表大会的任弼时，没能赶回家和老人见最后一面，心中不无负疚。

任弼时此次归家，当年远走时才刚3岁的小妹，已10岁了。她带着哥哥来到屋后的土丘上。四周林木，一抔黄土，掩埋着操劳一世的父亲的遗骨。萧瑟秋风吹卷着片片落叶，任弼时恭恭敬敬地默立在父亲墓前，垂头哀悼。他记起了赴莫行前函慰老人的话："将来造成大福家世界，同天共乐……惟祷双亲长寿康，来日当可得览大同世界……"但现今，距"大同世界"为期尚远，老父却早已辞世。他深感革命征途的艰难曲折和革命者肩负责任之重大。任弼时向父亲做最后的道别,也更坚定了为自己所追求的事业不懈奋斗的信念。

(刘继修)

相濡以沫
——任弼时与陈琮英

在中国革命漫长的征程中,深深地留下了任弼时的足迹。与之相随的,还有一个瘦弱娇小然而刚强坚定的身影,那就是任弼时的忠实伴侣陈琮英。

一

任弼时与陈琮英的姻缘可谓"父母之命",也算娃娃亲,但陈琮英却非一般童养媳。

任弼时的父亲任振声与原配夫人陈氏感情很好,不幸陈氏婚后一年即逝。为了维持和陈家的亲戚关系,任振声和陈氏的兄弟定下了后一辈的秦晋之好。1914年,陈琮英12岁便来到任家当童养媳,这一年任弼时才10岁。任弼时聪明睿智,勤奋好学;陈琮英性情谦和,朴实淳厚。二人青梅竹马,两小无猜,相处十分融洽。

1915年夏,任弼时考入规模大、设备全、师资优良的长沙第一师范学校附属高小部读书。不久,陈琮英也到长沙北门外一个小袜厂当童工。每逢星期天或假日,任弼时就去看望陈琮英。陈琮英总是尽力弄一点好吃的饭菜给任弼时。

当时社会动荡不安,任家的生活十分清苦。父亲教书失业,母亲虽然拼命纺线种菜,仍然难以维持家中的各种开支,任弼时的学费已成家中极大的经济负担。每一次开学时,母亲只能交给他一吊钱,合1000个小铜

钱。善良的母亲知道，一个学期的书费、学杂用费，远远不是1000个铜钱所能支付的，但她再也没有办法给儿子筹集更多的钱了。

任弼时经济上的这种窘迫，瞒不过陈琮英的眼睛。为了资助任弼时完成学业，陈琮英把每月挣来的为数不多的工钱，省吃俭用，一个一个铜板积攒起来，悄悄地交给任弼时，并低声说："给你读书用吧。"这使任弼时非常感动。

任弼时与陈琮英的感情正是在这种相互理解、相互支持的患难之中培养起来的。

1921年，任弼时告别了陈琮英，长途跋涉，去苏俄留学。在莫斯科，任弼时经常写信给陈琮英。但陈琮英因母亲早逝，父亲长年在外谋生，因而没有机会踏进学校，任弼时的来信她看不懂，只得求助别人。

陈琮英是个倔强的姑娘，她不愿意这样长期求人念信，更不愿他的来信让别的姑娘读到，同时也为了自己将来更配得上任弼时这个文化人，加之任弼时赴莫行前给父亲的家书中曾特写道："仪芳读书事，乃儿为终身之谋。"任家也积极筹划，终于让陈琮英上了自治职业学校。上午她在校学习，下午去工厂上班，挣钱吃饭，风雨无阻，天天如此。紧张的生活使陈琮英疲惫、消瘦，但却磨炼得她精神充实，意志坚强。她日夜思念、惦记着任弼时，就这样熬过了4个春秋。

二

1924年8月，任弼时返回祖国，即刻投入了国内如火如荼的革命斗争。他到上海大学教授俄文，向青年学生介绍苏联革命的情况。与此同时，党中央还决定让他参加社会主义青年团的领导工作。担任团中央宣传部长的恽代英，请他为创刊不久的《中国青年》写文章，在青年中进行马克思列宁主义的宣传。

上海是中外反革命势力盘踞的地方，一片白色恐怖，环境十分恶劣。特别是"五卅惨案"发生以后，革命者随时有被捕的危险，没有家属的男同志处境更是艰难。因此，1926年，党组织决定把陈琮英接到上海掩护任弼时工作。

任弼时原本打算亲自回乡看望母亲，接陈琮英到上海。船票买好了，行李也搬到船上了，但突然接到党组织的通知，要他到北京开会。他毫不犹豫地服从组织决定，马上把行李搬到另一只船上，到北京去了。等任弼时从北京回来，组织上已托王一飞把陈琮英从长沙接到了上海。望着陈琮英，任弼时抑制不住内心的阵阵喜悦。

这已是1926年春了。自从1920年夏任弼时去上海外国语学社学习俄文准备赴苏俄留学始，他们一别已近6年。当年稚气未脱的中学生成长为机敏持重的青年革命者；当年袜厂的小童工，也是亭亭玉立的大姑娘了。

花花绿绿的上海，素有十里洋场之称。它迎接陈琮英的却是神秘和陌生。不停变化各种色彩的霓虹灯，眨动幽深的眼睛，耸峙拥挤的高楼大厦，直向云空，密密麻麻的街巷，则如同大山里的深谷。这一切，她都很不习惯。尤其使她不习惯的，是那些打扮时髦的绅士淑女们，总是向她投来冰冷的目光，讥笑她这个土里土气的外乡人，使她感到如同芒刺在背，鱼鲠在喉。任弼时知道了陈琮英这些烦恼之后，就鼓励她说："不要怕，我们是在这里斗争的。你也要学会斗争。"望着任弼时坚毅的面孔，陈琮英心里热乎乎的，她低声坚定地表示："我一定跟你一块儿学会斗争，你前面走，我后面跟着。"

是年4月初，任弼时和陈琮英在上海结婚。这颗在贫困土壤里播下的爱情种子，在革命斗争的风雨中成长，开花了。婚礼，没有豪华的摆设，没有丰盛的酒宴。新房，仍是原来任弼时住的亭子间，没有增加一件东西，除了一张床，一张桌子，一个破书架外，什么东西都没有。在这里，他们组成了一个新的家庭，也是一个战斗的据点。

就在他们婚后不久，北伐战争开始了。任弼时遵照党中央的指示精神，号召广大青年参加北伐军，并领导上海的青年工人、学生开展策应北伐的罢工、罢课斗争，非常紧张繁忙。任弼时有时把胡子蓄得很长，有时又刮得精光，有时穿长袍，有时又换上学生装，以迷惑敌人的侦探。陈琮英担任了党的秘密交通，并兼搞油印，工作也很忙。但她还是尽力从生活上关心照顾任弼时。有时，任弼时要忙到天快亮时才回家，陈琮英就一直等着，只要听到那熟悉的脚步声，便马上高兴地去开门，并张罗着给任弼时做饭。但任弼时总是不让她弄，自己倒一杯开水，咕噜咕噜喝下肚去，然后倒床就睡。还没睡上两三个小时，窗外放明，他又一弹而起，披衣出门。

看着任弼时披上旧棉袍，咬着冷大饼，将几张报纸插进口袋，急匆匆地向门外走去，消失在刺骨寒风中的街道拐弯处，陈琮英总是久久地倚在门边，感到一种说不出的难过和感动。

<h2 style="text-align:center">三</h2>

　　白色恐怖笼罩下的革命者，生活随时伴有血雨腥风。

　　1928年秋，任弼时在安徽巡视工作时，不幸在南陵被捕。但敌人并不认识任弼时，只把他当嫌疑犯押送到安庆。在被押解途中的船上，任弼时邂逅一位做生意的家乡人，于是他急中生智，乘敌人不备，写了一张纸条，实际是个准备好的口供，请这位家乡人把信息传给堂叔任理卿再转给陈琮英。

　　陈琮英接到消息后，立即向党组织做了汇报。党组织根据陈琮英提供的情况，迅速做出了营救任弼时的安排。

　　按党的指示，陈琮英带着襁褓中的女儿准备乘车赶往长沙。不料刚到车站，车就开走了。陈琮英心急如焚，咬咬牙爬上了一辆拉煤的货车。夜里风寒，母女俩的手脚被冻僵了，剧烈摇晃的车厢不时甩来煤块，砸在她们身上，陈琮英只能紧紧抱着孩子。

　　此时，任弼时正在安庆忍受着敌人残酷的折磨。敌人让他跪在铁链上，头上顶着很重的特制的砖，又用皮带狠狠地抽打，打得他遍体鳞伤。任弼时咬紧牙关顶过来了，回到牢房，还忍着疼痛，教育同被关押的战友，一定要坚持口供不变，不暴露身份，维护党的利益。他说：监狱就是一个特殊的环境，周围的人又都很复杂，需要用特殊的办法来应付，千万不要犯幼稚病。敌人再次提审任弼时，变换刑法，用一根粗杠子压在他的腿上，然后把一块块的砖头塞到他的脚后跟底下，这种残酷的刑法叫"压杠子"。他一次次疼得昏了过去，又一次次被冷水泼醒。数九寒天，全身被冰水湿透，而任弼时以共产党员对革命的忠诚战胜了非人的酷刑，每次他都回答："姓胡名少甫，是长沙伟伦纸庄的学徒。到安徽给纸庄收钱。""到公园不是开会，是游玩。"敌人毫无办法。就这样，任弼时以自己的行动教育和鼓舞战友，团结一致和敌人斗争。

　　几经周折，陈琮英终于到了长沙。组织上指示陈琮英坐镇长沙伟伦纸庄，专候敌人对质。敌人核对了口供，没有找到什么破绽，两个多月后，只得将任弼时释放。

任弼时救出来了。但女儿苏明却因在随陈琮英去长沙的路上受风寒得肺炎死去了。任弼时得知这一消息后，眼睛湿润了，一阵心悸，他握住陈琮英冰冷的手，久久没有说话。说什么呢？什么也不需要说。他们明白，他们是孩子的父母，但更是党和人民的儿女，坚强是他们的性格！

敌人的毒刑严重地损害了任弼时的健康。出狱后组织上决定让他休息一段时间，陈琮英也劝他休息，他却坚毅地说："我在牢里已经休息够了，现在要抓紧工作，把坐牢耽误的时间补回来。"

1929年11月17日，西北风夹着雨雪，铺天盖地，整个上海笼罩在一片朦胧之中。任弼时告诉陈琮英要到一个地方去开会，并关照她："我12点回来吃中饭，下午还要去开会。"

12点过了，任弼时没有回来。下午1点、2点、3点……陈琮英一直眼巴巴地等到第二天清早，还没有见到任弼时的身影。她着急了，急忙跑到党的机关去打听。李维汉操着浓重的长沙口音，心情沉重地告诉陈琮英：任弼时又被捕了，组织上正在设法营救。

听到这个消息，陈琮英心如刀绞。但她顾不上悲伤，立即投入到第二次营救任弼时的战斗中。

党组织根据内线得知，任弼时被捕后，敌人只从他身上搜出一张月票，上面贴着他的相片，可是地址却是假的，写的是培德路培德里某号。这是地下工作的惯例。由于这个门牌的房子早已烧毁，查不到下落，敌人更加怀疑，于是对任弼时动用了电刑。

正当此时，陈琮英向周恩来汇报了情况。周恩来当即布置中央特科查明情况，设法营救。特科一面通过关系做办案人员的工作，一面请进步律师潘震亚辩护。敌人找不到证据，理屈词穷，最后只得以"危害安全"为理由判任弼时40天徒刑。

12月25日，任弼时出狱了。他感谢党组织的营救，感谢妻子的机智和冷静。他端详着妻子瘦弱的身姿，为她的成长而高兴。

四

　　任弼时第二次出狱之后，组织上考虑他已两次被捕，如果再被抓去，可就难办了，因此不适宜再在上海工作，于是决定让他到武汉去，担任长江局委员兼湖北省委书记。

　　当时的武汉，也和上海一样，正处在白色恐怖之中。几年来，湖北省委和武汉市委的组织和机关遭到了严重破坏，著名的革命家夏明翰、向警予等都先后在这里牺牲了。这里的每一寸土地，都浸有先烈们的鲜血！还有许多同志失去了联系。工作还没有很好地开展起来。而叛徒、特务的活动却日益猖狂，街头巷尾到处贴有政府的"通缉令"，车站码头经常有鬼头鬼脑的便衣特务出没。

　　任弼时化装成画师，提着小皮箱，泰然自若地走上人声嘈杂的汉口码头。前来迎接的同志把他们领到党组织的秘密处所——中山路一家西药店的楼上。药铺主人叫贺诚，他后来成了中国人民解放军卫生部门的负责人。

　　同志们本来给任弼时和陈琮英在一个偏僻的小巷子里找到了一个住处。但任弼时认为：那里倒不一定安全，还是钻到敌人鼻子下面去，在人多的地方找个住处，可能更便于隐蔽。于是，法租界附近的一条街上，出现了一家画像馆。任弼时住在这里一个小楼的楼下。房东很快发现，这个画像馆很奇怪，既不画像，也不挂牌子，好像根本不准备接待来画像的人，所以生意很冷落。

　　的确是这样。任弼时的心思根本就不在画像上。他经常到中山路党组织的秘密处所，向大家介绍国内外的革命形势，一起研究怎样尽快恢复党的组织，开展新的工作。当时，李立三领导的中央强令举行全国总暴动，确定南方由李富春负责，长江一带由任弼时负责，准备实现红军会师武汉。面对这样的指示，任弼时心情沉重，疑虑很多。他和同来负责长江局军事工作的关向应一起研究怎样执行中央的指示，要求大家对反动派绝不让步，但是也不要轻易举行罢工等斗争，要兢兢业业，埋头苦干；要注意观察形势的变化，善于应付复杂险恶的环境，把秘密工作和公开工作结合起来；要依靠群众，团结大多数，顺利地开展工作。任弼时十分紧张而忙碌，几乎连吃饭和睡觉的时间也没有。因此，墙上挂了几幅画像，他画的一幅未完成的人像，一直放在桌子上。每天，陈琮英扫去上面的灰尘，可就是没有把它画完。有一天，房东又看到陈琮英在清扫，就忍不住地问："为什么不挂出个招牌来？你们还怕招引顾客呀？""我们才学画，画得还不太好，想过一个时候再挂牌创号，免得把坏名声传出去，影响以后的生意。"陈琮英机灵地做了解释，房东"哦"了一声，也就没有再说什么。

几年来的秘密工作，锻炼了陈琮英。这位童工出身的女共产党员，从自己丈夫的身上学到了对共产主义的坚定信仰，学到了大胆、沉着的工作作风，也学到了高度的警惕性。有足够的警惕，才有可靠的安全。因此，房东无意间说的话，引起了她的注意。等任弼时回家时，她就把房东的话和自己的想法说了出来。

妻子的话，引起了任弼时的深思。他用手抚摸着那张未完成的人像画，想了很多很多。苏区来的一位同志被捕，帅孟奇、贺诚失去音讯，还有一些同志被捕、被杀害……而在这样的局势下，中央却要进行总暴动，这不是白白断送革命力量吗？他考虑了一会儿说："看来，如果长期不开业，就会引起特务暗探的注意。那咱们就把牌子挂出去吧。"陈琮英点了点头，但又不无担心地问："如果真的来很多画像的人，怎么办？""那你就大大地要价，他们就不会画了。"

这办法很灵。画像馆的招牌正式挂出来之后，果然有不少人前来画像，还有人来洽谈业务。陈琮英一方面热情接待，一方面漫天要价，把来的人又一一打发走了。而任弼时，又以全部身心投入了党的工作。就这样，不但党的组织很快恢复起来，而且有了新的发展。这个奇怪的画像馆，安然无恙地存在于敌人眼皮底下的闹市区。

五

不久，中央指示任弼时返回上海，准备接受新的任务。1931 年 3 月，任弼时离开陈琮英，与王稼祥、顾作霖 3 人组成中央代表团前往江西苏区。任弼时离开上海 7 天后，陈琮英生下一个女儿，取名远志，这是任弼时临走时的嘱托。

不久，因叛徒向忠发的出卖，陈琮英被捕了。她带着出生百日的孩

子，进了牢房。任弼时和其他同志在狱中的英勇表现时时鼓舞着陈琮英，无论敌人怎样威吓，她始终坚贞不屈。

当时在上海的周恩来得知陈琮英被捕的消息后，不顾个人安危，亲自布置了营救陈琮英母女的方案。经过组织的多方营救，陈琮英和女儿远志终于走出了敌人的牢狱。

出狱不久，陈琮英便接到周恩来从中央苏区发来的要她去苏区的电报。为了避免旅途的艰难并求工作方便，陈琮英不得不把跟自己一起坐过牢的孩子送回老家，交婆母抚育，只身一人来到苏区。

见到陈琮英，任弼时百感交集。他向陈琮英倾诉衷肠，说下一席非常感人、使陈琮英终生难忘的话："我们是革命的夫妇，同是党的儿女，我们的爱情是融化在对党对人民的爱情里的。"

1933年5月，任弼时被派到湘赣边区工作，担任省委书记兼军区政委。第二年8月，他率领红6军团，奉命突围西征。当时，陈琮英刚生下儿子湘赣。为了行军打仗，任弼时和陈琮英商量，把孩子寄放在老乡家。后来这个孩子再也没有找到。

在这之后，陈琮英伴随任弼时南征北战，先后与红2军团、红四方面军汇合，并同张国焘分裂中央的阴谋进行了坚决的斗争。紧张艰苦、颠沛流离的戎马生涯，使任弼时身体一天比一天坏，陈琮英尽自己的可能精心地照料他。任弼时也十分关心陈琮英。在长征途中，陈琮英生下了女儿远征，任弼时亲自钓鱼给妻子熬汤吃。为了照顾妻子，每次吃饭时，他都争着吃又粗又老的野菜，把嫩一点的留给陈琮英。他给自己缝了个布袋，把远征背在背上，一手扶着拐杖，一手搀扶着陈琮英，艰难地向前行走。在长征途中这对夫妻摇摇晃晃的身影，至今还深深刻印在许多老同志的脑海中。

六

红军到达延安后，任弼时与陈琮英再度分离。任弼时奔赴抗日前线，陈琮英留在延安，孩子远征被送回老家。战争年代革命者的家，总是飘忽不定的。对此，陈琮英十分理解，她只是更加挂念任弼时的身体。因为两次牢狱生活的摧残，加之这些年艰苦生活、紧张工作的磨难，使任弼时的身体状况很差，在与任弼时分手时，陈琮英一再嘱咐他多多保重，那情真意切的话语，深深温暖着任弼时的心。

1938年3月，任弼时携陈琮英赴苏任中共驻共产国际代表团负责人。在异国他乡，他们共同度过了两年。回国时恰遇解放区大生产运动。任弼时的老战友王震送给他一架平江式纺车，陈琮英当童工时就是学纺织的，自然很在行，就手把手地教任弼时。在任弼时的带动下，机关里出现了纺线高潮。一次比赛中，任弼时戴着眼镜，神态自若地坐在纺车前，不紧不慢地纺着，结果以量多质佳而被评为第一名。《解放日报》为此做了专门报道。当时周恩来惊讶地对任弼时说："你的纺线技术提高得快呀！"任弼时不无自豪地说："我有家庭教师嘛。"

抗战胜利后，任弼时和陈琮英将远志和远征从老家接了出来，加上延安出生的小儿子远远，5口之家溢满欢乐。但这种情形没持续多久，就被胡宗南侵犯延安的战火打破，陈琮英不得不带着小儿子先期来到晋西北的一个小山村，远志和远征跟着学校也从延安转移出来，只有任弼时一个人留在延安。党需要他，毛泽东、周恩来需要他。可是他身体却不好，这就不能不使陈琮英常挂心头，她极力想象着任弼时和毛泽东、周恩来艰苦而忙碌的转战生活。

其实，任弼时的工作比陈琮英想象的还要忙碌，而身体，则比她想象的还要差。留在陕北的机关人员组成一个支队，由任弼时任支队司令员。他要做好机关行政思想工作。行军前他要进行动员，宿营后他要了解当地情况，检查岗哨，保证中央的安全。同时还要协助毛泽东、周恩来指挥西北及其他战场的作战。

陈琮英担心的事情终于发生了。一天，组织上捎来了信，让她到米脂县杨家沟去一趟。她没有多问，没有犹豫，带上远远，立即动身了。原来，任弼时由于在艰苦的转战中过于劳累病倒了，组织上让他到杨家沟休养一个时期。

这次任弼时病得很厉害，脸色苍白，血压很高，经常牙疼，而且常处于一种亢奋状态，整夜整夜地睡不着觉。陈琮英为此十分着急。为了安慰陈琮英，任弼时静躺在床上，连身也不翻，先从1数到1000，又返回来从1000数到1。不知情的人以为他睡着了，实际上他正在和痛苦的失眠作斗争。就在这样的身体状况下，任弼时对土改问题做了大量研究，在党中央杨家沟十二月会议上做了重要发言。听着任弼时发言的洪亮声音，谁也感觉不出他是个病人。只有陈琮英才知道这个调查是在怎样的情况下用一种怎样的精神搞出来的。

七

1949年春，党中央迁入北京以后，任弼时的病情日益加重，但他仍以惊人的毅力，忍受病魔的折磨，亲自领导了建立新民主主义青年团等项工作。4月，青年团"一大"在北京召开，任弼时满怀喜悦地向大会做政治报告，但因身体实在支持不住，报告做了一半，只好请人代读。大会后，任弼时不得不遵照中央的安排，在陈琮英的陪同下，去玉泉山疗养。

1949年10月1日，中华人民共和国诞生，人民在天安门广场欢庆这举世瞩目的伟大胜利。任弼时为中国人民解放事业奋斗数十年，却因重病在身，未能登上天安门同人民共享胜利的欢乐。他坐在收音机旁，收听共和国成立的实况转播。当听到毛泽东用洪亮的声音向全世界宣告："中华人民共和国中央人民政府今天成立了"的时候，任弼时的脸上露出了平常少有的喜悦，他感慨地对陈琮英说："胜利来之不易，要珍惜它啊……"

疾病虽然限制了任弼时的行动，但他仍为设计新中国的蓝图而竭尽全力。他在病中研究和考虑了城市规划、财政工作、知识分子工作、组织建设等一系列问题。1950年6月，他的病情稍有好转，就给中央写信，请求工作。中央同意了他的请求，规定他每天工作4小时，可他一工作起来就忘记了休息，往往超过8小时。有时晚上刚刚吃完安眠药躺下，来了电话，他又立刻赶到毛泽东那里去开会。每当任弼时工作到深夜的时候，陈琮英就劝他休息，但他不肯放下手中的工作。陈琮英着急地对他说："有些事明天再忙不行吗？"任弼时摇摇头说："不行啊，明天还有明天的事呢。"几十年夫妻，陈琮英已十分了解任弼时了，他有海一样宽阔的胸怀，容纳着党的命运，祖国的前途，人民的幸福，唯独没有他自己。

1950年10月27日，任弼时与世长辞。他，告别了人间，告别了战友，告别了儿女，也告别了与他甘苦与共、患难同当的亲爱的妻子！

陈琮英肝胆欲裂，万分悲痛，但她坚强地挺住了。她将孩子抚养成人，教育他们秉承父业。每每和她谈起任弼时时，她总是充满了怀念之情，这感情是那样深沉和真挚，支撑着陈琮英独自度过一年又一年，这感情使她刻骨铭心，永世难忘。

（刘继修）

悠悠父女情
——任弼时与任远志

1950年初冬的一个深夜，任远志揩干眼中难以抑制的泪水，伏在桌前给爸爸写下一封永远也无法投递的信：

亲爱的爸爸：
　　您为了革命工作，在我生前的一个礼拜，就离开了我们。从此以后，我在祖母的抚养下，直到我15岁才第一次见着您……

1931年3月7日，奉中央指示，任弼时和王稼祥、顾作霖3人组成中央代表团离开上海启程前往江西中央苏区。工作紧迫，旅途艰险，任弼时只好将即将临产的陈琮英只身留在上海，并且叮嘱陈琮英："不管生下的孩子是男是女，名字就叫远志吧，它意味着孩子长大后有远大的志向！"

一周后，孩子出生了，是个女孩。她没有见到父亲，父亲正在赴苏区的途中。

这一时期，上海的局势更紧张了。国民党反动派疯狂地逮捕共产党员和进步人士，破坏共产党机关。由于叛徒出卖，陈琮英被捕。远志才几个月，也在妈妈的怀抱里进了敌人的监狱。

此时，任弼时已在中央苏区担任组织部长。消息从上海传到中央苏区，任弼时非常难过，为陈琮英担心，对女儿负疚；孩子生下就没见到父亲，不足1岁就又陪母亲坐牢……任弼时有过两次被捕经历，他深知监狱的残忍。在党组织的多方营救下，琮英出狱了。任弼时和周恩来打电报让陈琮英去苏区。1岁多的远志就被妈妈送回了湖南老家。

戎马倥偬，关山阻隔。把父爱熔铸在民族解放事业中的弼时，时时想念远在故乡的未曾见面的女儿。抗战胜利后，他决定把女儿接到自己身旁。

1946年春，正是江南草长莺飞的季节。一天夜里，党组织派来的人找到唐家桥新屋。15岁的远志听说要接她们去延安，找爸爸妈妈，心里异常激动。长这么大了，爸爸什么模样，她根本不知道，对妈妈也没有什么印象。平时看到别的孩子和父母在一起，她十分羡慕，总是盼望有朝一日可以和爸爸妈妈生活在一起。今天，就要到爸爸妈妈那里去，怎能不从心底里高兴呢？

1948年7月11日，盼望已久的时刻终于到了。第一次出远门，第一次乘飞机，第一次来到自己的家，15岁的远志快乐、兴奋、激动。飞机缓缓地降落在延安机场。她走出舱门，凭着人们向她介绍的母亲的特点，一眼就认出了又矮又瘦的妈妈，却没有看到人们告诉的像爸爸长相的人。原来，这一天有一批从新疆监狱中出来的同志回延安，任弼时要和朱德去接他们，只好让陈琮英一人来接女儿。

从机场回家，母亲领着女儿进了延安城。当她们走到新市场的时候，意外地，一辆吉普车在对面停下来，车上走下一个人，个子较高，瘦瘦的，穿着肥大的灰布军装，留着一撮小胡子，戴着黑边眼镜。对，这人该是爸爸。远志暗忖。果然，妈妈见到忙说："远志，快叫爸爸！他是你的爸爸！"

看到女儿平安到来，任弼时非常高兴，走到远志面前，哈哈笑着说："这就是我的女儿吗？长这么大了！"

从未见过，更没有叫过"爸爸"的远志，此刻为难极了。十几年来，在心中她不知默默地呼唤过多少次"爸爸"。今天，她也想大声呼出"爸爸"，可是怎么也张不开口，只是在胸中荡起一股幸福的暖流。

不久，远志被送到延安中学读书。学校离家不远，回家吃住都很方便，可是任弼时不同意，他说："还是让她们住在学校里好，可以受到锻炼，学会独立生活。"

由于远志从小生活在江南水乡，初到黄土高原，生活不习惯，水土不服，入学不久就病了。学校及时通知了家里，弼时也知道了，可是他既没来接，也没派人来看。远志吃不下饭，同学们就用罐头盒煮点面糊给她吃。一直到星期天，远志才回到家里。任弼时看到一下子瘦了许多的远志，心疼地说："我还以为你是吃不了苦呢！没想到真的病了。"

就这样，远志被留在家里休息了几天，病稍好，弼时又立即让她住到学校去，并嘱咐她说："要锻炼吃苦，要好好学习，长大了才能为人民做事情。"

1947年，胡宗南军队大举进攻延安，党中央决定撤出延安城。延安中学决定把年小体弱的同学先转移出去。远志也算年龄小的，但学校没有让她走，以为弼时会带她一起走。但是，弼时没有同意，说："还是让她们锻炼一下吧！"并让远志背着背包和年龄大的同学一起转移。

不料，行军路上远志的右脚趾骨跌伤，从脚趾一直肿到大腿，寸步难行，就靠班里的大同学背着走。直到一日途中遇到中央机关一位姓张的同志，见到远志伤成这样就做主把她送到弼时身边。

这时，中央机关转移到了王家湾。在这里远志和爸爸在一起度过了一生中最最难忘的朝夕相处的日子。她看到了爸爸的繁忙工作，也享受到了慈父的悉心关怀。

一孔窑洞，明暗三间，一边住着毛泽东，一边住着任弼时，周恩来和陆定一住中间。任弼时这间很小，向阳的一面就是炕；对面是老乡放粮食的坑，远志就睡在这粮食坑里。

这一段时间，任弼时协助毛泽东、周恩来指挥全国的解放战争，同时负责中央机关的行政工作。他参加会议，分析战场形势，研究战略方针。远志看到爸爸常常是点着一支烟，拿在手里，只顾思考问题，烟都燃完了还没吸上一口。夜间，他伏在小炕桌上就着油灯微弱的光，聚精会神地批阅或起草文件、电报，经常通宵不休息。他血压高，常头痛，有时痛得没办法，就叫远志给他捏一会，然后再继续工作。

当时，远志已16岁了，很懂得心疼爸爸，但知道爸爸干的是大事，也不好去劝他休息。任弼时则无论怎么忙，也不会忘记女儿。有时哪怕晚饭后有一点时间，他也领女儿到村外的小河边散步，询问女儿想些什么，也讲自己革命斗争经历。有一次，任弼时竟一字一句地讲解毛泽东的《新民主主义论》。尽管他知道让16岁的孩子懂这些深刻的道理为时尚早，但他希望女儿思想开阔，有远大的志向，就像为她起的名字一样。

一次，远志患了感冒，高烧不退，忙坏了弼时。他端来一盆凉水，拧一条毛巾敷在远志的额头上，就去看电报、文件，过一会儿换一次毛巾，接着又伏在小桌前。连着好几个晚上，都是这样度过的。这形象太深刻了，它牢牢地印在远志的记忆中。直到八九十年代远志都做了奶奶时，她还在说："直到现在，我一闭上眼睛，就能看到他那忙碌的身影。每当想到这些，我都后悔，后悔自己不小心跌伤了脚趾，后悔那时年小不懂事……我是他最大的女儿，不懂得为父亲分忧，不能代替妈妈照顾爸爸，反而给父亲添了不该有的麻烦。如今，我也成为一名共产党员，一名军人，也有了自己的孩子的时候，才理解了爸爸那颗既爱革命事业，又爱孩子的博大的心啊！"

1948年，中央机关驻河北省平山县西柏坡时，远志又到晋绥解放区上中学。经过前一段生活，远志对爸爸的感情越来越深，去了不多时就连写4封信，向爸爸述说一切：学习、生活、思想。任弼时也在百忙中抽暇复信，关心她的方方面面，谆谆教诲世界观正在形成中的女儿。

是年10月16日，任弼时摊开信纸，给大女儿写下一封长信，从生活到思想，从国事到家事，关怀、疼爱、引导、教诲，强烈的父爱倾注笔端，成为女儿终生保存的永久纪念：

远志儿：

你前后来信4次均收到。我们曾寄你一信，并附旧棉衣一套，你是否收到？据瑞华阿姨说，你患泻肚病，不知已经好了没有。甚念！特着邹昌和叔叔来看看你，望详细回信告我们。

你虽然没有插上二年级，这也不要紧，但绝不要因为许多功课已经学过就不用心了。以前对你说过，学习要靠自己努力，要善于掌握时间去学习。你们这辈学成后，主要是用在建设事业上，即是经济和文化的建设事业，需要大批干部去进行。建设事业就是要有科学知识。学好一个工程师或医生，必须先学好数学、物理、化学，此外要学通本国文并学会一国外国文。有了文学的基础，又便利你去学科学。外国文又以学俄文为最好，因为将来帮助中国建设的不是英美而是苏联，许多建设事业必然要向苏联学习。但如果你们学校将来只有英文，那你只好随着也学习英文，如有英俄两种文字，你可选学俄文。你说不会把已学的一点俄文忘记，那很好，寒暑假回家时还可以帮助你补学一些。将来进高中或专科大学时，会要以俄文为主修课的。

你妈的身体比你在家时要好些，有时有些头晕痛。我的身体最近又不甚好，因为开了一个时期的会，引起血压又高涨，现正由医生检查，可能要休息一时期，其他尚好，勿念。弟弟已经在本村上学。他读书还算用心有进步，身体也还算好。远征妹前天到张阿姨处打电话来说，身体很好，上月月考成绩平均是85分。

送来半磅毛线，你一定要自己打好两双毛袜，以备你自己冬天用。这里不比南方，也没有延安住窑洞那样温暖，要自己好好保重。

祝你努力学习

你的爸妈：
南·英
十月六日

弟弟问你好。

外附来你所要的地图、字典及红蓝铅笔各一。又奶粉白糖各两包，听说华明①也生病，奶粉白糖各分一包送给华明

如果说在王家湾时远志还是不谙世事的孩子，凡事要父亲照顾，进北京以后，远志就是已经很懂事的大女儿了，尤其是父亲病势加重以后。这从1949年冬任弼时在莫斯科疗养中的家书抬头可以明显地看出，任弼时已经把她当作家庭中的"大人"了。12日24日夜寄自莫斯科的信一开始就写道："亲爱的英和远志并摘告远征及远远……"

远志也确实想方设法使父亲情绪放松，减少病痛。从莫斯科回国后任弼时在家休养时，每星期六远志放学回来，总要故意玩一个什么小把戏，出乎意外地引起父亲开心。比如，听到父亲的脚步声，立即躲在门后，待父亲进门时，再突然大声笑着跳出来，牵住父亲的手。这一刻的弼时，准

---

① 华明，即叶华明，叶挺的儿子，当时在晋绥解放区上中学。

是现出从心底升起的快乐。

按照医生的规定，弼时在静养期间，不能看书或看文件。可是，一次远志去帮爸爸收拾床铺时，却发现他的褥子底下压着几份文件。不用说，这是爸爸从办公的地方"偷"来的，远志把这一事汇报给母亲。妈妈说："你们先别去问爸爸，今天他睡午觉时，你们再在窗外观察一下。"

这天中午，任弼时刚放下碗筷，远志就过来催促道："爸爸，你该睡午觉去了。"

弼时笑了笑说："就去，就去。"说着，他还是到办公的地方打了个转，然后走进了卧室。

远志和远远蹑手蹑脚地来到窗前，从门缝往里一看，只见爸爸坐在床上，从袖筒里抽出一份文件又看了起来。两个孩子立刻闯进门，大声嚷道："爸爸不听医生的话，该罚！该罚！"

弼时笑了，连连点头："对，我该受罚，该受罚！可罚什么呀？"

"罚给我照张相！"远远说，远志顺手把文件"没收"了。

然而，女儿的一切充满孩子气的努力，都没有挽留住父亲，脑溢血到底把父亲夺走了。

几十年时光如流水。然而每年清明时节，八宝山烈士陵园任弼时墓前，一定会有一束或一盆鲜花，那便是长女远志献给父亲的心香一瓣。

（欧阳韵）

叔侄情
——任弼时与任理卿

1919年6月，和任弼时一起长大的堂叔任理卿在上海矿业学校考清华庚款留学，试后觉得有录取可能，便返乡省亲，并着手制装。不到一月，捷报传来，果然考取。这时，任弼时也回到家乡。少年叔侄数年不见，自然是亲热异常。

从南通纺织学校毕业后已在上海恒丰纱厂工作一年的任理卿滔滔不绝地向任弼时讲述他的纺织工业救国的想法：他认为中国大量白银外流，重要原因之一就是每年大量进口钢铁和棉纱，因此振兴中国的纺织业就能救国，他要去西方学习先进的纺织技术。此时，还在长沙第一联合县立中学就读的弼时，却在五四爱国运动的洪流中参加了省学联组织的宣传民众的行列。学校提前放暑假后，他和同籍的同学组织了宣传队，回家乡演文明戏，宣传反日、打倒列强、打倒卖国贼，以唤起民众。任弼时常到唐家桥附近的塾塘庙、桃花洞、白鹤洞、闾塘庙等处讲演。

一次，他热情地邀堂叔去演戏。任理卿说："我可不会演戏！我看见人多了就脸红，连话都说不出来，怎么去演？"弼时笑了，说："不要你讲话，只要你扮演一个洋人，把你准备出洋的西装和皮鞋穿上，戴个眼镜，拿根手杖，就是一个假洋人了，只要个样子！"在弼时的动员下，任理卿终于答应上了台，但只一次，大约是十分不成功。此后，任理卿索性把自己准备赴美留学的一套行装借给弼时，供他们演出用，自己则到台下当观众了。直到8月任理卿启程为止。9月，任理卿进入美国罗维尔纺织学院，为实现自己的理想继续苦读。

1921年春，同是为振兴中华，任弼时也"出洋"了。所不同的是，他是到世界上第一个无产阶级当家做主的苏联学习革命经验。充满豪情的弼时在莫斯科东方劳动者共产主义大学时，曾付信在美已读研究院的任理卿，他写道："我们叔侄很有意思，一个在资本主义国家，一个在社会主义国家，两个立场不同，但我们是一个目标——救国，振兴中华。"

1923年，获得硕士学位的任理卿载誉归来，从此，一生从事纺织工业，为中国的纺织工业呕心沥血。任弼时则成为职业革命家。事业上的殊途，并没有影响少年叔侄的亲密交往。

1927年大革命失败后，任理卿仍在上海统益纱厂任总工程师，任弼时也于是年深秋从武汉返回上海，开始了白色恐怖下党的秘密工作。在上海，叔侄二人过从甚密。任理卿明知弼时是共产党，做革命工作，但具体内容，任弼时从来不说，任理卿也从来不问。只见弼时常常化装成各种社会身份的人去看"理叔"，有时着长袍，一副官僚做派；有时西服革履，新式商人模样；一段时间胡子留得很长，过一阵又刮得干干净净；住所也常常搬迁。1928年正月，统益纱厂改组，准备与印度人合办，挂外国人的牌子，以摆脱重税。任理卿觉得没意思，于是决定回湖南，去湖南纱厂工作。他把想法告知弼时，弼时也赞成。这样，任理卿就从上海统益纱厂改到长沙第一纱厂任工程师去了。

1928年10月15日下午，任弼时在安徽南陵巡视工作时，不幸被捕。因敌人既没抓到什么证据，用刑也没获得口供，只得冠以共产党"嫌疑犯"之名押解去安庆的国民党警备司令部。

在解往安庆的船上，任弼时巧遇同乡彭佑亭。彭是生意人，正准备回湖南，意外地遇到被押的任弼时，很惊讶。找得一个交谈的机会，任弼时忙写了一个条子，交代清口供内容：冒充陈琮英堂兄所办长沙伟伦纸庄学徒，叫胡少甫。并托彭佑亭去长沙联络营救。彭一到长沙，就去第一纱厂找到任理卿传递了信息。任理卿非常着急，马上设法通知在上海的陈琮英速返长沙，商量营救办法。因为任弼时是警备司令部抓的，须转到司法部门才好。于是，任理卿找到任弼时的远房堂姐夫何维道，因何是当时湖南四大名律师之一，颇有些社会声望。后来，经过何维道的一番活动，把案子由警备司令部转到安庆的省法院。何维道亲自出庭辩护，加之陈琮英机智应对及伟伦纸庄的担保，两个月后，任弼时被释放了，任理卿这才长长地呼了一口气。

1931年3月7日，任弼时和王稼祥、顾作霖组成中央代表团离开十里洋场的大上海，奔赴江西苏区。7月，任弼时的大妹任培月从苏联学习归来。不幸的是，不久，她丈夫被捕牺牲。气愤已极的培月到捕房要人，捕房非但不给人，反将培月扣押。培月经受不住如此刺激，精神失常了。

此时，正值长沙第一纱厂原料告急，任理卿即来上海借棉，住在惠中旅社。一天，捕房通知他去一趟，去认一个人。任理卿表示不屑，没去。结果，他们就把培月带到旅社，任理卿一看，知是培月，只见培月两眼直直的，就说："我认识她，她父亲是教书先生，没有问题。女孩子流落到这里又有病，为什么不送回家休养？"没想到捕房果然买了船票把培月送回了老家。不久，培月康复了。

岁月如流。叔侄俩再见已是1949年夏天了。7月，任理卿从上海取道南京并稍事停留即北上京城，在玉泉山疗养院探望病中的弼时，并同住一周以话旧。他分外高兴地看到，侄子的事业成功了。

1950年，弼时病逝。长者送晚辈西行，不禁悲从胸涌。任理卿在其大事记中写道："惜吾侄年不竟其才功不尽其志，悲夫！"

（彭幼文）

走革命的路

——任弼时与任培辰

任弼时的胞妹任培辰，每当回忆起与弼时的手足深情时，她总是那么真挚，那么动情。

弼时长培辰13岁。1920年，弼时离家赴苏留学时，培辰才是一个3岁的小娃娃，对哥哥自然毫无印象。1924年秋，任弼时从苏联归来便全力以赴地投入中国共青团的领导工作，父亲病故也未得抽身探家，只是更惦念家中的母亲与未成年的妹妹，并尽力帮助母亲抚养她们。1927年8月，任弼时即将随中央从武汉迁往上海，特付信母亲："惟不知星、辰妹学校下期何时开学，望星妹速来信告知，以便筹寄学膳用费。"正是这一年，在大革命失败后的萧瑟秋风中，任弼时利用处理长沙暴动问题后的时间返回唐家桥新屋，兄妹俩见面了。

此时，任培辰10岁，是个挺懂事的女孩子。她带哥哥给父亲扫墓，眼看着哥哥围着母亲忙里忙外，抢着担水、扫地、煮饭、炒菜。哥哥还教她唱《国际歌》，为她在父亲墓前拍照留念。她和母亲为哥哥送行，走了一程又一程……哥哥着浅灰色长衫，年轻、英俊、高大、和蔼可亲。从此，兄长的形象便牢牢地刻在培辰的记忆中。然而，此次弼时离家却不曾料及竟成与母亲的诀别；培辰更没料到再见哥哥竟在22年之后。

此后的几年里，任弼时先后引导大妹培月、二妹培星离家参加了革命，家中只有小妹培辰与母亲相依为伴。1936年任培辰于湖南省国术训练馆毕业，赴平江国术馆任教，同年结婚。爱人是平江国术馆馆长单先麟。后来单做了平江县长。

1945年3月，八路军359旅南下抗日到达平江。国民党消极抗日，积极反共，竟以4个正规军、2个纵队和6万保安团围歼359旅。任培辰夫妇面对国民党把枪口对准自己人的行为，不由得回想起1937年秋任弼时

派人看望他们时了解到的兄长在抗日前线的情景，回想到弼时对他们的关怀和影响，他们决心走革命的路。

于是，他们便利用单先麟任平江县长的公开社会身份作掩护，将部队撤出县城，主动与359旅接头。当时，王震、王首道即派一参谋给他们送来了要他们做革命工作的信和宣传品，来人还向他们讲述了任弼时及陈琮英在延安的工作情况和生活情况。这使他们异常振奋。此后，培辰夫妇利用伪职，尽力解救革命战士和被迫害的进步人士，为革命尽义务。日寇投降后，359旅又路经平江北上，伪上级急电拦击，他们抗命不从，并将所有的伪乡、镇、保送来"十万火急"的有损359旅的情报烧毁，以延误反动政府的军事部署。

为此，单先麟被当局撤职。不久，特务又拿到任培辰营救某同志的信，据此向专署控告他们夫妇为"奸匪"。听到风声，他们便离开湖南，辗转南京于1947年元月到了北平，找到当时参加国共谈判的叶剑英、薛子正，要求去延安，同时还打电报并写信给任弼时。

当时，正值胡宗南进攻延安，党中央准备转移，形势很紧张。任弼时接信，恐妹妹出意外，立即复一短信，由地下组织辗转带到北平，信中写道："接读转来函电，已悉抵平。惟时局不清，关山阻隔，仍以不来延为妥。如有事须告我者，即请面告薛君，彼当可负责转达。如返湘路费有缺，亦请与薛某商洽，请予资助，相会有期，勿念。"

接到弼时的亲笔信，任培辰夫妇决定回湖南。

1949年春，北平解放了，然而中原仍逐鹿，迫切想见到哥哥的心情使任培辰夫妇又从湖南绕道香港到天津，最后到了北京。阔别了22年之久的兄妹终于见面了。

任弼时十分高兴，穿起自己一套最好的衣服——浅黄色卡其布装，迎接妹妹。当年立于父亲墓前的小姑娘，已过而立之年；当年步伐矫健的青年革命者，今已重病缠身……

这次相见，兄妹在一起度过了一生最美好的一段生活。他们互诉22年各自的一切，一起在湖边垂钓散步……任弼时的思想、行为也在潜移默化地影响着小妹。

当时，任弼时用的餐具，仍是行军时的一套，两支筷子上端系着绳子，饭碗是吊了铁丝圈圈的搪瓷碗。一次闲谈时，任弼时突然顿住话头，侧耳倾听一会，站起来说："哎呀！水龙头没关严，浪费了。"工作人员要给他换一张弹簧床，他忙问："大家都有吗?"有时培辰故意笑他："哥，你这个大干部，比我们还穷！"弼时也笑了，但话语仍很严肃："你们生活在白区，看惯了官僚们的高级生活。我们以后把国家搞好了，人民都过上好日子，我们也就跟着过好了！"

……

又是一个没料到，此一面一年多后，弼时竟永远地离开了小妹培辰。但兄长的音容长在，教诲难忘。

（彭幼文）

珍贵的父爱
——任弼时与任远芳

父爱是每一个儿女都难以忘怀的。远芳和父亲仅仅相处 9 个多月，但父亲那宽阔博大的情怀却在她记忆中留下了刻骨铭心的篇章。

1938 年 12 月 8 日，远芳在苏联出生。当时任弼时出任中共驻共产国际代表团负责人，工作十分繁忙。陈琮英为了协助丈夫处理纷杂的事务，也无暇顾及孩子。远芳不足一周岁，便离开了父母，住进苏联国际儿童院。

1940 年 2 月，任弼时奉命回国。此时国内抗日战争正在激烈进行，第二次世界大战的烈火也在亚欧大陆蔓延，回国的旅程中随时都可能遇到意想不到的事情，带着一个一岁多点的孩子显然无益于艰难的长途旅行，而回国的事情又不容拖延，党需要任弼时即刻回国承担重任。为了中国革命事业，任弼时意识到必须再做一次牺牲，将孩子暂时留下。此时他想到了死在为营救自己出狱途中的大女儿苏明；想到了寄养在苏区老乡家至今下落不明的长子湘赣；但他更想到了生活在日寇铁蹄之下的四万万中国同胞。

别了，孩子！为了使千千万万个孩子不再像你这样与父母分离。

任弼时和陈琮英在离苏之前，特地去苏联国际儿童院看望小远芳，并和孩子合影留念。远芳一岁多了，已经会咿呀学语，她扑闪着两只大眼睛望着自己的父母，露出十分可爱的神情。她怎么能想到此时父母正在和她道别并且即将离她远去呢！

回国后，任弼时担任了中共中央秘书长，负责党中央书记处的常务工作，并主管中央组织部、西北局和工青妇的工作，空闲时间更少了。但他时刻挂念远在异国的女儿。远芳上学识字以后，任弼时便开始和她通信。他把父母对女儿的思念，姐弟对远芳的手足之情，以及国内的情况等，通过信件频频传递给远方的女儿。任弼时在信中不断鼓励远芳要好好学习，获得优异成绩。远芳也常常写信给父母，告之她在苏联学习和生活的情况。

1949年10月1日，中华人民共和国诞生了。任弼时写信将这一喜讯告诉女儿。信中写道："卡秋莎（远芳的俄文名字），中国已从帝国主义和国民党手中解放出来了！不久之前，新的人民政府在北京成立了。中国人民今后的任务是恢复和发展工业，为此，需要许许多多各种各样的专家和干部。望你更加努力学习，并在苏联完成学业之后，成为一名优秀的专家。"接到这封信，远芳非常激动，她一直将这封信珍藏着。

长期紧张繁重的工作，使任弼时积劳成疾。1949年冬，中共中央决定送任弼时赴苏治病。到苏联后，任弼时住进克里姆林宫医院。他一面治病，一面打听女儿的消息，十分希望尽快见到女儿远芳。不久国际儿童院传来了令人喜悦的消息：1950年1月将由一名女教员送远芳来莫斯科。任弼时得到这个消息后，十分兴奋，忙把这个消息函告夫人陈琮英，让她一起分享这份快乐。

1950年初，任弼时由克里姆林宫医院转到莫斯科郊区的巴拉维赫疗养院休养。在那里，他见到了日夜思念的小女儿远芳。

此时的远芳已是一个文静可爱的11岁的小姑娘了。远芳懂事以后，在很长时间不知道自己有父母，更不知道父母是谁，是做什么的。当她见到自己的父亲时十分拘谨，她生硬地问任弼时："你是爸爸陈林（任弼时驻共产国际工作时的化名）同志吗？"说完只顾瞪着两只发亮的大眼睛，望着父亲，观察着父亲。

任弼时以火一般的父爱温暖着久别父母的女儿的心。尽管他重病在身，但他总爱将女儿唤在身边，不厌其烦地给她讲祖国的情况，讲妈妈琮英的情况，讲姐姐远志、远征和弟弟远远的情况，教女儿写中文字和学说中国话。

任弼时的慈爱很快地征服了女儿的心。远芳无限喜悦地对任弼时的工作人员说："我从来没有想到，我还有这样好的亲爱的爸爸。"

远芳在巴拉维赫疗养院住了两个星期后，任弼时便劝她按期回国际儿童院上课，并嘱咐她用功念书，考出好的成绩。临走前，任弼时给远芳一些钱，让她分给中国小朋友。

远芳依依不舍地离开了父亲。从此，她几乎每天给爸爸写信，父女俩的俄文通信，一个多月就一大抽屉了。

本来，远芳想在苏联继续学习，完成大学教育，然后带着专业知识回国。但和父亲接触后，深沉的父爱强烈地吸引着她，她放弃了原来的想法，坚决要求父亲带她回国，否则她"将永远哭泣，思念，而且还会影响学习"。

任弼时接到女儿要求和自己一起回国的信后，曾委婉地给女儿写了封信，帮助女儿分析事情的利弊。信中写道：

> 关于回国还是留在苏联这个问题，我还想和你商量一下，然后我们再做决定。一、回国当然有有利的一面。第一，你作为中国姑娘可以尽快学会中国话，这对你今后来说是非常必要的；第二，你将更多地了解中国人民的生活和斗争，这也对你非常重要；第三，你将和父亲以及兄弟姐妹们生活在一起，这对你看来也是需要的。但也有不利的一面，那就是因为你不会讲中国话，你回国后第一年只能学中文，然后才能上学（当然也可以在学校里学中文），你将耽误一年的学习。
>
> 你如留在苏联学习，这也有好的一面：第一，你不会耽误一年的学习；第二，你大学毕业之后，你不仅完成了高等教育，而且将精通俄语。当然也有不好的一面，就是你无法学会中文，这对你今后来讲是莫大的困难。此外，你完全脱离国内的生活。
>
> 这就是供你选择的具体情况。我想你最好留在苏联继续学

习，完成大学教育，然后带着专业知识回国，这就是你在这里的时候向我说的。

但这一意见绝不是最后决定，你完全可以自己考虑对你怎样更合适。如果你坚决要回国，并像你在最后一封信中所说的，如果我不带你回国，你将永远哭泣、思念，而且还会影响学习，那我将在莫斯科治疗后，带你一起回国。

这封信，字里行间处处浸透着父亲对女儿的关怀和深爱。远芳见到这封信后，经过再三思忖，还是决定和父亲一起返回祖国。

1950年4月，任弼时携同女儿一起，乘苏共中央安排的火车离开莫斯科回国。途中，火车停在中苏边境的一个车站上，远芳下车走进一个商店，一个售货员用俄文问远芳："你同谁一起来的？"远芳用俄语回答："弼时。"那位售货员又问："他是干什么的？"远芳说："不知道。"上车后，远芳便问父亲是做什么的，任弼时微笑着对女儿说："我是一个普通工作人员。"

回到祖国后，远芳依然不知道父亲是做什么工作的。在家里，任弼时每天都给远芳当翻译，教她学中文，看不出有什么特殊。在外面，任弼时对子女要求很严。远芳从父亲身上看到的依然是普通工作人员的本色。任弼时的这种精神境界对远芳产生了很深的影响。她从不以干部子弟自居，一直默默地苦干在祖国文化战线上。在任弼时80周年诞辰纪念日里，远芳深沉地回忆说："爸爸的可贵之处，在于他以普通工作人员要求自己和我们。作为他的后代，我们也应当像爸爸所期望的那样，成为有知识的一个普通工作人员，为祖国的四化大业贡献力量。"

（倪　真）

家　宴

——任弼时与季米特洛夫

这是一次极不寻常的、令人难忘的家宴。

家宴的主人是国际共产主义运动的著名活动家、共产国际主席季米特洛夫。家宴的客人是即将回国的中共驻共产国际代表团负责人任弼时和夫人陈琮英，以及到苏养伤也即将返回祖国的中共著名领导人周恩来和夫人邓颖超。

季米特洛夫家的客厅干净整洁，圆形的餐桌上摆着各种西式菜肴和汤，空气中飘着花的芳香，墙上挂着几幅季米特洛夫喜爱的油画，显得格外的典雅、和谐。

宾主之间既客气，又分外亲热，彼此表现出依依不舍之情。

任弼时忘不了他到共产国际后季米特洛夫给予中国共产党的有力支持。

在任弼时到共产国际之前，常驻共产国际的中共代表团负责人是王明。由于王明是个十分诡谲而且善于迎合的人，别有用心地向共产国际歪曲中国革命的现实，致使共产国际对中国共产党产生了许多误解，反而把王明看作中国共产党"唯一正确的领袖"。共产国际的某些人轻信了王明的片面之词，竟然也认为红军长征后中国革命已经失败了，对中国共产党在抗日战争中提出的一些口号也表示不好理解。

他们曾经问中国同志："你们提出'又斗争又团结'，既要斗争，还怎么能搞好团结呢？还提出'从斗争中求团结'，这就更让人难以理解了。"

还有的人问："你们还提出'磨而不破，破而不裂'，这又是什么意思呢？敌人搞摩擦，那就坚决跟他们斗争到底嘛，还怎么能破而不裂呢？"

……

任弼时一到莫斯科，就有不少兄弟党的同志向他提出了诸如此类的问题。他清楚地意识到，由于王明的歪曲宣传，共产国际对中国党的误解实在是太多了，应该把中国共产党领导的中国革命的真实情况介绍给各国同志，以取得共产国际和各兄弟党的理解和支持。

莫斯科的春夜，静悄悄的。奔忙了一天的人们，早已沉沉入睡了。而任弼时却还在灯下奋笔疾书，他在给共产国际起草一份介绍中国革命全面情况的报告。

1938年4月14日，任弼时代表中共中央向共产国际递交了书面报告大纲《中国抗日战争的形势与中国共产党的工作和任务》；5月17日，他又亲自对书面报告大纲作了口头说明和补充。在报告中，任弼时着重介绍了在以毛泽东为首的中国共产党领导之下中国人民进行持久抗战的情况，并系统地阐明了中国共产党的抗日民族统一战线策略思想。

任弼时的报告引起了季米特洛夫的重视。他召集共产国际执委会主席团会议，专门讨论了任弼时的报告。1938年6月11日，共产国际执委会主席团通过了《关于中共代表报告决议案》。决议明确指出：中国共产党的政治路线是正确的。中国共产党正在复杂和困难的条件下，灵活地转到抗日民族统一战线的政策上，建立起国共两党新的合作，团结起民族的力量，去反对日本的侵略。

季米特洛夫还把任弼时汇报的中国的情况告诉了斯大林，斯大林对此也十分重视。在1938年十月革命节，斯大林在接见各兄弟党代表时，特地走到任弼时的面前，亲切而又热烈地握着任弼时的手说："请代我向毛泽东同志问好！向伟大的中国人民问好！"

共产国际在政治上肯定中共政治路线正确的同时，又在组织上作出了关于支持毛泽东为党的领袖的决策。1938年7月，比任弼时先期来苏的王稼祥准备回国，季米特洛夫特别约请王稼祥和任弼时进行重要谈话。季米特洛夫说："你们回去应该告诉全党（同志），应该支持毛泽东同志为中国共产党的领导人，他是在实际斗争中锻炼出来的领袖。其他的人如王明，不要再争当领导人了。"共产国际还拨出30万美元托付王稼祥转交中国共产党。

与此同时，王明正在国内以共产国际"钦差大臣"自居，在统一战线中推行他的右倾投降主义。

王稼祥带回国的共产国际的决定和季米特洛夫的重要意见，对于中国共产党解决王明的右倾错误提供了有利条件。

1938年9月14日和26日，中共中央两次召开政治局会议，王稼祥在会上传达了共产国际的决定和季米特洛夫的意见。会议决定召开六届六中全会，贯彻共产国际的指示。至此，解决王明右倾投降主义的错误已经瓜熟蒂落，水到渠成，时机已经成熟了。

9月29日，中共中央在延安召开六届六中全会。会上，王稼祥传达了共产国际的指示，毛泽东作了题为《论新阶段》的政治报告和会议总结，要求全党同志认真地负起领导抗日战争的重大历史责任。全会通过了《中共中央扩大的六中全会政治决议案》，批准了以毛泽东为代表的中央政治局的路线。这次会议基本克服了王明右倾投降主义的错误，统一了全党的步调，为实现党对抗日战争的领导进行了全面的战略规划，推动了各项工作的迅速发展。

中共六届六中全会的消息，传到共产国际，任弼时十分高兴。他深知中共这一政治成果的取得，是与以季米特洛夫为首的共产国际的理解和有力支持分不开的。

……

"朋友，请把你的酒杯举起来！"

季米特洛夫洪亮的声音把任弼时从思绪中拉了回来。他笑着和周恩来及邓颖超、陈琮英把酒杯举了起来。

季米特洛夫用俄文说："你们回去，请代我向毛泽东同志、向朱德同志致敬！"

任弼时用俄文说："放心，我们一定转达。"

季米特洛夫又说："请代我和共产国际的其他同志，问候你们国家那些战斗在前方和后方的抗日战士！"

任弼时用俄文答道："我们一定转达。"

季米特洛夫最后说："我相信，中国革命胜利的日子，已经不远了！不远了！"

任弼时和在座的人对此深信不疑。

朋友们干尽了杯中的酒。

临别时季米特洛夫多次和周恩来、任弼时拥抱，久久握住他们的手不放，并用俄语一再说希望再有机会见面。

当周恩来、任弼时、邓颖超和陈琮英告别季米特洛夫时，天上飘起了纷纷扬扬的雪花。夜幕已经在莫斯科降临，市区亮起了万家灯火。远处，克里姆林宫的钟声和莫斯科河上拖轮的汽笛声融汇成莫斯科夜晚的交响曲……

任弼时在大门前望着眼前的一切，心里感到很不平静，他细细回味着这次充满国际友情的家宴。

（力　砚）

"您才真正是位博士呢！"
——任弼时与哥诺瓦洛夫

1949年，任弼时在玉泉山休养了半年多，党中央决定送他到苏联去治疗。

当斯大林得知任弼时的病情后，表示欢迎他到苏联来，并且特地派哥诺瓦洛夫医生乘专列到北京来接他。

哥诺瓦洛夫是苏联著名的医学博士，懂得8种文字，知识广博，得过几种医学奖。在由中国前往苏联的列车上，任弼时给哥诺瓦洛夫留下了深刻的印象。

任弼时经常请哥诺瓦洛夫到他的车厢里来聊天。任弼时很尊重他，称赞他说："博士同志，您有这样渊博的学识，是花费了辛勤的劳动才获得的。您要多运用自己的知识去为人民造福。无论革命和建设，知识愈丰富愈好啊！我尊敬一切有知识、有造诣的人……"

哥诺瓦洛夫感动地说："谢谢您的鼓励，亲爱的任弼时同志，您是中国革命伟大的领导者之一。您的责任重大，中国人民的正义事业需要您。我们党中央交给我的任务，就是要照顾好您的健康，对此，我感到十分荣幸。"

任弼时和哥诺瓦洛夫都非常健谈，并谈得十分投机，话题也越来越广泛。

哥诺瓦洛夫提议在座的各位每人要背一首诗，然后再唱一支歌。说完，他首先站起来，朗诵了普希金的名著《欧根·奥涅金》中的一段：

　　我记起暴风雨来临以前，
　　驰过海面的汹涌的波涛。
　　我多么羡慕那层叠的浪头，
　　怀着爱慕，在他的脚边伏倒……

任弼时高兴地带头鼓起掌来，而后他兴奋地说："我给大家背诵一首我国唐朝大诗人李白的《行路难》吧！"

　　金樽清酒斗十千，
　　玉盘珍馐直万钱。
　　停杯投箸不能食，
　　拔剑四顾心茫然。
　　欲渡黄河冰塞川，
　　将登太行雪满山。
　　闲来垂钓碧溪上，
　　忽复乘舟梦日边。
　　行路难！行路难！
　　多歧路，今安在？
　　长风破浪会有时，
　　直挂云帆济沧海！

弼时的朗诵，气势磅礴，语调铿锵，博得了一阵热烈的掌声。

在座的人每人背诵了一首诗之后，该唱歌了。任弼时突然问道："咱们的火车现在走到哪里了？"

有人回答说："正经过乌拉尔。"

任弼时灵机一动，说："好啊！这一带正是英雄夏伯阳当年战斗过的地方，让我们一起唱一曲《英雄的夏伯阳走遍了乌拉尔》吧！"

随着任弼时挥动着的双臂，洪亮的歌声伴和着欢快的笑声，在寂静的雪原上回荡。

话题不知什么时候又转到文学上来了。任弼时对苏联许多著名作家的作品都很熟悉，特别是对奥斯特洛夫斯基的《钢铁是怎样炼成的》一书，给予了高度评价。他深有感触地说："像保尔·柯察金这样的性格和遭遇的人，在我们中国革命的队伍里也有不少。可惜的是还没有一位成熟的作家能够把他们充分而深刻地写出来。"接着，他又分析了之所以会出现这种现象的原因是："作家不熟悉英雄，而英雄呢，又没掌握写作的技巧，两方面脱了节。我看最好的办法是英雄和作家一块儿创作，这就可以相得益彰了。等到将来，英雄也是作家，作家也是英雄，两者能统一起来，那就一定能够产生出很多伟大的作品来。我坚信这一天终究会来到的。"

任弼时从文学又谈到了美术。车上许多人都知道，任弼时从小就喜欢绘画艺术，造诣很深，特别是人像画得很好。1930年他在武汉做地下工作时，就曾以画像作为职业掩护。他指着挂在车厢里的一幅题为《山村早晨》的油画，评论说："这幅油画的主题是积极的。你们看，画面上是红霞照亮的俄罗斯山村，远处的拖拉机在宽阔的田野上轰鸣，这是十月革命后实现了机械化的小山村的典型图景。但是，这幅画也有缺点和不足。你们看，画家把那个旧式水井画得色彩太暗了，太模糊了，应该同样是霞光照亮，有鲜明的轮廓。这样才可以提醒人们：要加倍努力啊！这里还没有安装自来水管，还没有实现电气化哩！"

弼时在美术、文学、音乐、政治等各个方面的独到见解和深邃思想，使哥诺瓦洛夫博士大为惊讶，他竖着大拇指说："尊敬的任弼时同志，您才真正是位博士呢！"

（刘一丹）

编　后　记

　　任弼时同志是中国共产党的第一代领袖，同时，他又是20世纪闻名世界的伟人。他一生中同党内外、军内外、国内外各个阶层的各种人士有着十分广泛的交往，或是在风华正茂的学生时代，或是在战火纷飞的战争岁月，或是在轰轰烈烈的社会主义革命与建设时期，或是在变幻莫测的外交场合，或是在工作中，或是在生活中，给人们留下了流芳千古、传颂万世的崇高形象。几十年来，不少曾经同他有过交往的同志和人士，撰写了大量的回忆书籍和文章，追述昔日交往中的轶闻、趣事。本书就是从这些大量的书籍和文章中精选、精编成册的。

　　在编选过程中，我们在尽可能地保留文章原有风格的前提下，根据全套书整体的需要，对所有的文章作了程度不同的节录、删改、改编，对有明显观点和史实性错误的地方作了修订。此外，还有相当一部分文章是由编者撰写的。绝大部分文章的标题为编者所加。